現代企業社会の危機を読み解く
米国ビジネス書100選

久原正治［著］
一般社団法人 日本CFO協会［編］

一般社団法人金融財政事情研究会

はしがき

本書は、久原正治氏が一般社団法人日本CFO協会発行の経営財務情報誌「CFO FORUM」に、同誌の創刊当時から二〇年にわたり連載されている書評――グローバル経済・企業経営、金融をとりあげた主に米国の書籍のレビュー――を一冊にまとめたものです。

久原氏は、一九七二年に日本長期信用銀行に入行後、当時急拡大していた国際部門に配属されて以来、米国の大学院留学、国際船舶金融、プロジェクトファイナンス、米国現地法人責任者、長銀シカゴ支店長など、当時から米国を中心に経済や経営と接する多岐にわたる経験を積んだ後、大学教員に転じられ、日米のビジネスを研究してこられた、この分野における第一人者です。

久原氏が、数多くの米国のビジネス書を読みながら、書評として一貫して伝えてこられたのは、日本企業の経営に対する警鐘にほかなりません。日本は、戦後の復興以降、米国をモデルにしてビジネスや教育の改革を進めてきましたが、米ソ冷戦期の高度成長期という特異な経営環境での成功が終わった後は、一九九〇年以降の「失われた〇〇年」の期間を二〇年、三〇年と延ばしながら現在に至るまで、企業経営は長きにわたり低迷を続けています。

久原氏は、本書の最後で、二十年余にわたる書評連載が追求してきたのは、「夏目漱石が生涯をかけて解明しようとした明治以降の日本の西洋をまねた浅薄な近代化の問題」だと指摘し、また「漱石は、日本という国はそれを死ぬまでやり続けるしかない国であることを明治の時代にすでに見通していた」

と解説しています。企業経営で日常使われている数多くの西洋の概念や用語も、明治初期に福澤諭吉や西周が日本語（漢語）として造語し「文明開化」を後押ししたにもかかわらず、西洋の言葉の背景にある思想や行動原理を理解していない日本人の限界が、漱石によって当時から指摘されていたことは、現代の日本人にも考えさせられるものが多くあります。

バブル崩壊以降、多くの新しい西洋の概念や用語が日本へ入ってきましたが、日本語への造語の努力がなされることもなく、いまや企業経営の用語はカタカナであふれています。漱石が見通していた以上の「安普請国家」ができあがっているように映ります。米国にてビジネスを実践しながら、米国の書籍から米国人や組織の思想や行動原理についての理解を深めた著者が、低迷する日本企業をみながら感じてきた苦痛が本書の底流にあることがおわかりいただけるでしょう。

本書は、連載してきた書評を、「企業経営の失敗とリーダーの責任」（第1章）、「経営戦略と組織―成功企業の条件」（第2章）、「二一世紀の金融―繰り返される革新・暴走・規制」（第3章）、「高等教育と企業の人材開発」（第4章）、「資本主義の行方」（第5章）、「政治・経済・国際関係―経営環境の変調を読む」（第6章）に再構成したものです。さらにそれぞれのテーマを今日の視点から振り返り、幾多の危機や停滞を乗り越えて進化し続ける米国の企業経営のバイタリティ、組織戦略、リスク管理、リーダー教育のありようがわかりやすくまとめられています。

さらに、久原氏の趣味が高じて「ＣＦＯ ＦＯＲＵＭ」連載の書評の合間に寄稿していただいた日米映画評からは、スクリーンの背後にある日米の国民性や価値観、行動原理の違いが、書籍とはまた違ったかたちで伝わってきます。本書でも各章でとりあげた書籍に通底するメッセージを発する映画のレビューも紹介しています。すでにご覧になったことのある映画もあると思いますが、自分では気がつかなかった「見どころ」を著者が深く分析していることに驚かれることでしょう。

本書は、ビジネスとアカデミズムの両方に長年身を置いた久原氏が選りすぐった日米の書籍を紹介することで、日本の企業経営をとらえ直す機会を提供することを狙いとしています。米国の政治経済や企業組織、教育といった仕組みそのものを理解することが目的ではなく、どのような背景や思想でそうなっているのかを考える洞察力を身につけることの必要性を教えてくれています。

行き過ぎた金融資本主義と揶揄される米国型の企業経営を追随してきた日本も、欧州社会の価値観や新興経済の台頭などにより、経済社会のあり方が問われるフェーズへと移行しています。本書が、未来の企業経営、さらには未来の資本主義のあり方にも思いをはせる一助となることを願う次第です。

一般社団法人 日本ＣＦＯ協会
専務理事 **谷口 宏**

目　次

第1章　企業経営の失敗とリーダーの責任

目　次

目　次

第4章　高等教育と企業の人材開発

第5章　資本主義の行方

第6章　政治・経済・国際関係——経営環境の変調を読む

目　次

〈備考〉

●本書は日本CFO協会発行の経営財務情報誌「CFO FORUM」に、創刊第2号（二〇〇二年九月一〇日）～第156号（二〇二三年七月一八日号）に掲載された「Books」—グローバル経済・企業経営、金融を取り上げたビジネス書の書評コラムを、六つのテーマに分類したうえでクロニクルに並べ替えて一部加筆修正し一冊に再構成したものである。

●「CFO FORUM」には、時折「Books」にかわって「Cinema」と題する著者（久原）による映画評が掲載されている。本書では章テーマと通底する映画を取り上げた映画評を各章末に掲載している。

●偶数ページ上端の柱は、原則として書評コラムが公開された当時の米国大統領（G・W・ブッシュ～ジョー・バイデン）の任期区切りを示している。

●取り上げた書籍の書誌情報は、本書著者（久原）が書評コラムの執筆時に参照した版のものである。なお、洋書については書評時の原書最新版を参照しており、その後訳書が刊行されたものは末尾に訳書の書誌情報を追加記載している。

第1章

企業経営の失敗とリーダーの責任

§1-01

「日本企業の失敗に学べ」

- 『企業は、小さく、平たく、迅速で、透明になる？――新しい組織と経営戦略』佐々木スミス三根子（東洋経済新報社、２００２年）
- 『What Management Is: How it works and why it's everyone's business』Joan Magretta（Free Press, 2002）

二〇〇二年夏、米国のビジネススクールで「日本の企業経営」を教えている。昨年は一二名だった受講生が、今年は二五名に倍増した。日本企業経営の失敗に対する米国の学生たちの関心の高まりが背景にある。

米国の企業経営は、一九八〇年代末期と同様の問題に直面している。経営者の短期的視野が企業価値をゆがめ、金融プロフェッショナルの貪欲が行き過ぎて問題を大きくしている。以前問題を起こしたイヴァン・ボウスキーやマイケル・ミルケンにかわる悪役は、成り上がり企業の経営者と会計士やアナリストの専門家たちだ。この十数年間、米国企業の経営の本質は何も変わっていない。唯一異なるのは、かつては日本企業の長期的視野での経営の成功に、今回は同じ日本企業の失敗に学べといわれている点だ。

米国のコーポレートエグゼクティブは勉強好きだ。日本企業の経営失敗の原因を米国流の経営学の理論に当てはめて一般化し、教訓を学ぼうとしている。翻って日本のコーポレートエグゼクティブや経営学者は、米国流の企業経営を進んでいると持ち上げたり、だめだとこき下ろしたりするだけで、それがいかなる環境のもと、どのような原理や原則に基づき営まれ、その長所や欠点はどこにあり、日本企業の経営にどのように適合したりあるいは適合しないかを厳密に分析しているわけではない。

今回取り上げた二冊は、このような問題を日米の優れた女性経営研究者がまとめた中身の濃い本である。

一冊目の『**企業は、小さく、平たく、迅速で、透明になる？**』は、投資銀行エコノミストの佐々木スミス三根子が、ノーベル経済学者ハーバード・サイモンをはじめとする著名な経済学者一〇人に、米国企業の戦略と組織の将来について聞いたインタビューをまとめたものである。米国の一流の経済学者が抽象化された理論仮説をベースに、現実の企業の戦略や組織を実証的に研究する。学者と経営管理のプロとの間で、ビジネススクールでの教育などを通じこの研究成果が共有され、それをベースに現実のビジネスが分析され、合理的な米国流の経営の考え方が一般化する。著者はインターネット経済下で既存の企業が組織をフラット化し、意思決定を迅速化する背景を、学者たちの理論と現実分析のなかから明らかにしていく。

一方、『**What Management Is**』の著者ジョーン・マグレッタは、長年の「ハーバード・ビジネスレビュー」編集者としての経験を生かし、ドラッカー以降発達した経営学の理論が具体的にどのように企業経営の成功につながるかを明らかにする。そこではたとえば、「ビジネスモデル」と「経営戦略」といった概念が、前者は単なるコンセプトであり、これが企業経営の成功につながるには戦略が必要になると明確に定義したうえで、その具体的な事例が説明される。
著者は経営学の確立が二〇世紀最大のイノベーションであったとして、経営に成功する企業組織の基本原理を豊富な具体例を交えて読者の前に提示していく。日本の経営書のなかで一通りの理論をここまで実務家にも理解しやすく書いたものは、残念ながら見当たらない。
（「CFO FORUM」二〇〇二年一二月一〇日）

§1-02

金融機関経営者の成功と失敗

- 『山一証券失敗の本質』
河原久（PHP研究所、2002年）
- 『The Real Deal: My Life in Business and Philanthropy』
Sandy Weill and Judah S. Kraushaar（Warner Business, 2006）
（邦訳：武井楊一訳『サンディ・ワイル回顧録―世界最大の金融帝国を築いた男』日本経済新聞出版、2007年）

邦銀の不良債権問題が暗礁に乗り上げるなか、公的資金注入と引き換えに経営に失敗した経営者は責任をとって退陣し、経営能力のある米国の経営者に経営を任せてはどうかといった議論がある。このような議論は感覚的になされているもので、日米の経営者のパフォーマンスの優劣についての実証的分析に基づいているわけではない。日本の経営学者が金融機関の経営について実証的な研究を怠っていることも、客観的な議論をむずかしくしている大きな原因だと思う。このようなことを考えていたとき、日米で金融機関経営者の失敗事例と成功事例を詳しく分析した格好の本が出版された。

『山一証券失敗の本質』は、一九八五年に常務取締役国際本部長で山一を退任し、その後外資系証券会社の経営の任に当たっていた著者が、企業倫理、ガバナンス、企業文化の分析を軸にその経営失敗要因を指摘している。一般的には良識を備えていたであろう大企業社員が社内の出世競争に明け暮れるうちに、居心地のよい仲間だけで経営陣を構成し、責任は他に転嫁して経営判断の誤りを積み重ねていく。著者を含めて役員に選ばれたものには、本来の経営者として要請される先見性や決断力は身についておらず、引き立ててくれた社長に忠誠を尽くすだけとなってしまう。このようにして歴代の経営者たちは問題を先送りし、もはや解決できないほど事態が悪化したところで頼りにした大蔵省（現財務省）にも見放されて企業は崩壊した。この問題は山一に限らず多くの日本の金融機関に共通するもので、この分析から教訓として学ぶものは多い。

（「CFO FORUM」二〇〇二年一二月一〇日）

いま（二〇〇六年秋学期）、シカゴ金融街のビジネススクールで教えている。米国の金融は一〇年周期でバブル、破綻、スケープゴートの摘発、引締めを繰り返す。当地ではいま、投資銀行家たちの一九九〇年代後半の〝ゴーゴー・バンキング〟に対する反省の書がベストセラーになっている。その代表が著名なテレコム・アナリストであるダン・ラインゴールドの『Confessions of a Wall Street Analyst』と、メディア業界投資銀行家ジョナサン・ニーの『The Accidental Investment Banker』である。八〇年代後半のＬＢＯブームとインサイダー事件のときは、ジャーナリストによるノンフィクションが何冊もベストセラーになっていたが、今回は当事者自身の告白の書が多い。そんなことを考えていたところ、近年の大変革の渦中にある米金融界を代表するカリスマ経営者による自伝の傑作が発売された。本書は、私がこの二〇年間読んできた米国ビジネス書のなかで一番面白い。

『**The Real Deal**』が面白いのは次のような点だ。第一にウォール街のこの二、三〇年の歴史が、その人間模様とともに、大きな制度変革を行った当事者により語られている。第二に米国の金融業の現場がどのような原理で経営されているかがよくわかる。第三に悩みながら仕事中毒といわれるほど働き、さまざまなリスクをとり、仲間を大事にしながら時には裏切るという、そこでのリーダーシップの実態を、経営者本人の率直な告白として読むことができる。第四になぜ彼らが株主中心の原理を大事にするのか、多額の報酬を求めるのか、利益追求の行き過ぎに対する歯止めはどこにあるのか、最後になぜ社会貢献に行き着くのか、このあたりの日本では理解しにくいところが腹に落ちる。そして最後に孤独な経営者にとって妻が共同経営者といってもよい存在だということがよくわかる。

一九世紀に米国を訪ねたフランスの哲学者アレクシ・ド・トクヴィルは著書『アメリカのデモクラシー』のなかで「米国では金銭的に成功することは、神の認めた成功の証しである」と語っているが、米国の経営者の行動はまさにこの言葉どおりである。

サンディ・ワイルはウォーレン・バフェット、ジャック・ウェルチと並び、その経営する会社の株主価値を二六倍にも高めた米国で最高の実績をもつ経営者である。ワイルはブルックリンのユダヤ系移民中産階級の家に生まれ、苦学してコーネル大学卒業後、ベア・スターンズのメッセンジャー・ボーイを振り出しにウォール街に就職する。二七歳で小規模の株式ブローカーを設立し、その後次々と業績の低迷する名門金融機関を小が大をのむかたちで買収し成功を収めることになる。ワイルの金融機関経営の原則は現場主義の業績向上にあり、買収した企業のコストを徹底的に削減し、役に立たない買収先の幹部や従業員を容赦なく解雇する一方で、会社の利益に貢献する忠実な部下は家族のように大事にする。九〇年代半ばには、ソロモン・ブラザーズとスミス・バーニーという名門証券を買収することで、保険、消費者金融と証券を傘下にもつトラベラーズ・グループを完成する。さらには一九九八年にこれをシティコープと合併させることで世界最大の金融コングロマリット、シティグループを築き上げた。

その後、エンロンやワールドコムの破綻のなかで、シティグループの投資銀行部門等によるさまざまな利益相反行為等の問題が明らかになる。しかしワイルはこの危機を強いリーダーシップで乗り越える。さまざまな難局に直面するたびに常に現場に戻り、素早い決断、忠実な幹部への信頼によって、問題への対応を的確に行っていく、百戦錬磨の経営者としての姿がみえてくる。「市場が好調なとき知らず知らずのうちに金融機関は行き過ぎに陥るが、どこかで潮目が変わる。そこで経営者は大きく舵を切り、問題に的確に対応しないと大変なことになる。結局は経営の最大のリスクは企業と自分の評判である」と語っているのは率直な告白であろう。

（「ＣＦＯ ＦＯＲＵＭ」二〇〇六年一二月一〇日）

§1-03

エンロンとは何だったのか

- 『Enron 1986-2001』
  Bodily & Bruner（Darden School, University of Virginia, 2002）
- 『What Went Wrong at Enron: Everyone's Guide to the Largest Bankruptcy in U.S. History』
  Peter C. Fusaro & Ross M. Miller（John Wiley & Sons, 2002）
  （邦訳：橋本碩也訳『エンロン崩壊の真実』税務経理協会、２００２年）
- 『Anatomy of Greed: The Unshredded Truth from an Enron Insider』
  Brian Cruver & Mel Foster（Carrol & Graf, 2002）
- 『Pipe Dreamers: Greed, Ego and the Death of Enron』
  Robert Bryce（Public Affairs, 2002）
- 『Enron: The Rise and Fall』
  Loren Fox（John Wiley & Sons, 2003）
- 『検証 エンロン破綻』
  山家公男・西村陽（日本電気協会新聞部、２００２年）

エンロンに関する本が出揃ってきた。まだ出ると思うが、二〇〇三年三月現在までに目を通した洋書の特徴をあげてみたい。和書の多くが「株式会社の危機」を帯などで謳っているが、なぜ米国にはエンロンのような会社が次々とイノベーションの担い手として登場してくるのかという問題の本質をとらえていないように思える。和書では一冊だけお勧めしたい。

米国はノンフィクションの国だ。企業経営者であれ政治家であれ個人がよくメモをとり、企業内の意思決定にかかわる文書記録が豊富だ。このような記録と関係者への聞き取りによってさまざまな出来事をその場にいたように再現し、ジャーナリストや内部者による臨場感あふれる作品が生まれる。なかでも金融分野はそこで得られる富が大きく、また転落した場合との落差も大きいため読者を惹きつけるストーリーを提供してくれる。スキャンダルの発生は景気の波と並行し、規制緩和―景気拡大―経営者の貪欲発揮（イノベーション）―景気転換―スキャンダルの表面化―大衆のポピュリズム高揚―当局の摘発―政府の規制強化という波が繰り返し続く。

米国の金融イノベーターは一九八〇年代後半からの軍事技術の金融技術への転用を機とした金融革命とそのニッチ分野への応用の流れに乗り、いち早く自ら市場を創造し支配し、価格のゆがみや恣意的な会計処理により過大な利益を獲得する。このような革新的な金融技術をエネルギー市場に応用したのがエンロンであった。イノベーションと不正は紙一重で、米国の金融イノベーターはこの境界での利益があまりにも大きいのでこのリスクを喜んでとる。八〇年代の終わりには犯罪者として収監されたマイケル・ミルケンも出獄後は『ジャンク債のイノベーター』として歴史的な評価を取り戻した。

『**Enron 1986–2001**』をアマゾンに注文したらビジネススクール教材に使えそうなＣＤ－ＲＯＭが送られてきた。会社設立以降のイノベーションのリーダーとしてのエンロンと、二〇〇一年の崩壊を描いた二部に分かれ、ＣＥＯや経営幹部がビジョンを語るビデオやさまざまな図表、文書、主たる登場人物の顔写真などを縦横に閲覧することができる。

『**What Went Wrong at Enron**』はエンロンの破綻からさほど間を置かずに同社の歴史と事件をわかりやすく解説したもので、先ごろ翻訳が出版された。事件全体の流れを振り返るのによい。

『**Anatomy of Greed**』はお決まりの内部者の記録だが、ＭＢＡを取得してエンロンに入社したまさにその年に突然の破綻で失業した著者が、同僚などから聞き取り出版した。失業したことまでチャンスと考えるところはさすが利にさといものだと感心させられるが、分析は浅い。

『**Pipe Dreamers**』は、熟練のジャーナリストがエンロンＣＦＯのアンドリュー・ファストウをはじめとする登場人物の貪欲さや自己利益の追求ぶりを余すことなく描き、革新的な企業に特有の文化が手にとるようにわかる推薦できる書だ。

『**Enron:The Rise and Fall**』はビジネス誌記者の手になる調査レポートで、なぜ革新的な企業や会計事務所が一線を越えたのか掘り下げて分析している。

最後に和書の『**検証　エンロン破綻**』は、エンロンのビジネスモデルとエネルギー政策の観点からまとめた専門家のレポートで、その革新的なビジネスモデルのどこに問題があったのか、日本が米国で成功したからといって無批判に何でも学ぶとどういうことになるかを考えさせてくれる良書である。

（「ＣＦＯ ＦＯＲＵＭ」二〇〇三年三月一〇日）

§1-04

経営組織の失敗

- 『腐った組織をどうやって救うのか』
  丸瀬遼（日本実業出版社、２００４年）
- 『When Giants Stumble: Classic Business Blunders and How to Avoid Them』
  Robert Sobel（Prentice Hall Press, 1999）
  （邦訳：鈴木主税訳『企業の絶滅―経営責任者たちの敗北の歴史』ピアソン・エデュケーション、２００1年）

経営研究者やコンサルタントにより書かれた経営書の大半は、経営の成功事例を取り上げる。成功事例を学ぶことで企業経営は改善されるというわけである。ところがそのような本では、成功の要因と結果との因果関係が必ずしも明確に分析されているわけではない。偶然の結果かもしれないサクセスストーリーがあたかも普遍的に通用するように展開されていることも少なくない。その結果、読者は次々と刊行される新しい経営成功の本に付き合わされることになる。

一方で経営の失敗について書かれた本は意外に少ない。成功事例の場合は、高い株価や利益、あるいは新製品の流行などで読者の興味を引くのに対し、失敗については新聞の大ニュースになったようなケースを除けば関心が向けられることもなければ、失敗の当事者にもわざわざ自分の恥となるような本を書くインセンティブはない。経営学者やコンサルタントにとっては、その失敗の要因や因果関係を明確に分析するのに手間がかかる。しかし、会社の経営者たちにとっては、このような企業経営の失敗事例をきちんと分析した本こそが、同様の失敗を繰り返さないために意味がある。

『腐った組織をどうやって救うのか』は、大銀行でデリバティブという最新の金融商品を開発し、取引してきた若手バンカーが、勤務先銀行の経営破綻の原因の一つとなった組織の腐敗の要因を暴き出す。新しい金融商品のディーリングという非伝統業務に伝統的な保守的組織原理で対応しようとしたところに、日本の銀行が国際競争に取り残される大きな要因があった。そのような業務では、リスク・リターンを考慮した瞬時の意思決定とその結果に対する責任を明確にした組織原理が求められる。ところが日本の大銀行では、集団で時間をかけ責任の所在があいまいな意思決定を行い、損が出ても、あるいは新製品の市場導入が競争相手より遅れても、場当たり的な言い訳を繰り返すだけで、組織原理そのものが見直されることはなかった。このようにして、新しい業務に乗り遅れるだけでなく、現場と経営者との間に、責任を直接負わないスタッフ部門が介在し、経営の非効率とトップの経営能力の低下や無責任体質の蔓延を招いた。著者は組織再生のヒントは経営と現場との一体感にあることを強調する。破綻したこの大銀行だけではなく日本の伝統的な大企業の多くに当てはまる分析である。

一方で**『When Giants Stumble』**は、米国を代表する経営史学者による米国の経営失敗史の定番ともいえる本である。米国企業の経営の失敗は組織の問題というより経営者個人の問題であることが、ＲＣＡ（米国ラジオ会社）、パンアメリカン航空、モンゴメリー・ワードなど、それぞれに一時代を画した有名企業一五社の経営失敗事例を淡々と語っていくなかで浮き彫りにされる。ベンチャー企業では経営者の商品に対する過信を引き金とするマーケティングの失敗が、二世経営者の会社では父親を超えようとする後継者の葛藤が、大きな経営の失敗を招く。ビジネス環境の急速な変化に対応できない傲慢な経営者の多くが、自社を競争の敗者にしてしまう。企業は成功を収めた後に大失敗をする。どの失敗事例も後知恵で考えてみれば当然の要因と結果のようにみえるが、同様の失敗をする経営者が後を絶たないのは、経営者で失敗事例に学ぶ人が少ないことによるのであろう。原書の英語は読みやすいし、訳書も読みやすい。日本のコーポレートエグゼクティブにとっても一度は目を通し、じっくり経営失敗の因果について考えてみるのにとてもよい本である。経営学者には、手間をかけてでも日本企業の経営失敗事例の徹底検証を行い、一般化されるような理論を構築していくことが求められているといえる。

（「ＣＦＯ ＦＯＲＵＭ」二〇〇四年六月一〇日）

§1-05

大企業を滅亡に招く米国のスター経営者

- 『Crash of the Titans: Greed, Hubris, the Fall of Merrill Lynch, and the Near-Collapse of Bank of America』Greg Farrell（Crown Business, 2010）

米国ではウォーターゲート事件における「ワシントン・ポスト」の報道にみられるように、組織の内部に密着しそこでの個人の行動を深掘りした調査報道の伝統がある。それは、数多くの当事者へのインタビューや公私の記録類をもとに、読者があたかもその場に居合わせたように事実を再現している。そのようなことが可能になる背景には、米国では個人や組織の行動や意思決定が公私にわたり書面できちんと記録され、優れた記者がそれをじっくり時間をかけて追える環境にあることがある。

『**Crash of the Titans**』は、「フィナンシャル・タイムズ」の敏腕の米国駐在記者が、米国を代表する証券会社メリルリンチと、商業銀行バンク・オブ・アメリカの金融危機の渦中での経営の失敗を、三人の経営者の行動という側面から一二〇人もの関係者の取材に基づき細かな事実を積み重ね、読み応えのある物語にしている。本書を読むと、優れているようにみえた米国の経営者が、実は孤独で経営判断を間違いやすい状況に置かれている実態が、推理小説でも読むような迫力で伝わってくる。

米国の庶民に証券市場への投資を通じた富をもたらした証券会社の雄メリルリンチは、二〇〇〇年代に入りウォール街初のアフリカ系米国人CEOのスタン・オニールのもとで、高い収益率を求め小売部門のリストラと投資銀行化戦略を推し進める。外部から成功報酬でトレーダーや投資銀行家たちを採用し、モーゲージ証券のストラクチャー金融部門などに遅れて参入し、リスク管理をないがしろにした業務拡大が図られる。〇七年にサブプライム危機が表面化したときに、三〇〇億ドルものCDO（債務担保証券）のポジションを抱えて巨額の損失を計上し、〇七年一〇月、オニールは退陣に追い込まれる。

そこでメリルリンチ立て直しのため、取締役会が白羽の矢を立てたのが、MITからハーバード・ビジネススクールを出て、ゴールドマン・サックスでポールソンなどのCEOの片腕として管理能力を発揮しプレジデントまで出世したジョン・セインである。セインはニューヨーク証券取引所（NYSE）

の立て直しに成功した華々しい実績を背に意気揚々とＣＥＯに就任する。しかし、周囲を高給の元ゴールドマン・サックスの幹部やＮＹＳＥ時代の側近で固め、計数しか信用せず、過去の経験から急落した市場は必ず回復すると信じるセインは、リスクを過小に評価した。結局〇八年九月、すべての投資銀行が危機に陥るなかセインは、メリルリンチをバンク・オブ・アメリカに売却して、さびしく退陣していくことになる。

ノースカロライナに本拠を置くネーションズ・バンクのたたき上げで、小が大をのむかたちでバンク・オブ・アメリカを買収して規模を拡大し、全米一の規模の商業銀行としたＣＥＯのケン・ルイスは、〇八年九月、売りに出たメリルリンチを、ユニバーサル・バンクに多角化するチャンスとみて、十分な資産査定の間もなく五〇〇億ドルで買収することを決定した。しかし、すぐにメリルリンチが当初の想定より大きな含み損を抱えていることが判明し、商業銀行とウォール街の企業文化の統合も困難とわかるなかで、経営危機の責任をとりルイスは辞任を余儀なくされた。

優良な企業が経営環境が大きく変化するなかで経営に失敗する。そこでは優れているといわれたＣＥＯが、過去の成功体験と自己顕示のエゴによって周囲を側近で固め、企業規模と業務の拡大を図るという行動が共通してみられる。ＣＥＯの能力は報酬の多寡により測られ、報酬はその企業の規模と収益に左右される。スター経営者はリスクを大胆にとり、業務の拡大を目指す。米国のスター経営者の失敗の背景を本書は余すことなく描き、読み応えがある。

（「ＣＦＯ ＦＯＲＵＭ」二〇一一年六月一〇日）

§1-06

失敗に学ぶ
——想定外を超えて

- 『天災と国防（寺田寅彦随筆集第五巻）』
  寺田寅彦（岩波書店、１９４８年）
- 『Normal Accidents: Living with High-Risk Technologies』
  Charles Perrow（Princeton University Press, 1984）
- 『失敗百選：41の原因から未来の失敗を予測する』
  中尾政之（森北出版、２００５年）

日本経済はバブルの崩壊以降、失われた二〇年の間に自律回復力を失い、外部からのショックに弱くなってしまった。せっかく立ち直りかけていた経済も、リーマンショックと東日本大震災という二つの危機によって長期的な回復の展望がみえなくなっている。この二〇年の間にわが国の政治経済は大きな方向性を見失い、問題の根源を十分に理解しないままに、対症療法を進めた結果、虎の子の蓄えを使い果たし、赤字国債の発行なくしては震災、原発事故からの復興費用にも事欠くに至っている。そこでは、すべての問題を外部の不確定要因による想定外の出来事として、政府や企業などすべての組織が無責任を決め込んでいるようだ。

防災学者で夏目漱石の高弟として現代にも読み継がれる随筆を残した寺田寅彦は、「日本がその地理的位置がきわめて特殊であるために、特殊な天変地異に絶えず脅かされなければならない運命に置かれていることを一日も忘れてはならない。しかし付け焼刃の文明に陶酔した人間がすっかり天然の支配に成功したと思いあがっている」ことを、『**天災と国防**』のなかで指摘したのは七〇年以上も前のことである。めざましい科学技術の発達も大災害の予測も防止もできず無力であることを露呈するばかりか、逆に科学技術の発達によって人々や組織は災害を克服できると過信して、損害はいっそう大きくなるばかりである。金融イノベーションやデリバティブ技術の発達もまた金融危機を拡大し、サプライチェーンや原子力技術の発達は震災の被害をかつてない甚大なものにしてしまった。

現代では、本来社会の問題の解決に役立つはずの経済学、政治学、社会学、工学などの学問が細分化された結果、問題を総合的に把握して対策を立てることがむずかしくなっている。われわれはこのような「想定外」と呼ばれる事故が、実は想定の範囲内にあったことを、総合的な視点から顧みる必要があるようだ。

イェール大学教授で社会学の泰斗、チャールズ・ペロー博士は『**Normal Accidents**』のなかで、科学技術の発達により組織が複雑化するとともに、それまで想定外と思われた事故が日常的に発生するようになることを、関係する組織とそれを取り巻くシステム全体の観点から明らかにした。科学技術の発達は、さまざまな組織やシステムを関連づけ、相互に作用する複雑系のシステムの性格がかたちづくられる。それは「複雑性と緊密な結合」を特徴とするシステムであり、それ自体の特性故に日常的に事故を引き起こすことになるのである。そのシステムの例には原子力発電、航空機の運航、宇宙船の打ち上げ、金融デリバティブ取引などが含まれる。とりわけ複雑で大規模な組織は、大きな環境変化への対応が困難になる。そこで、われわれは想定外のことを常に想定して組織や経済の運営を行う必要があるのだ。

東京大学大学院教授で機械工学が専門の中尾政之博士は『**失敗百選**』で、コンコルドの墜落と、歩いている人がバナナの皮で滑って転ぶことは、同じ原因の失敗であるとして、タイタニック号沈没やチェルノブイリ原発事故に始まり、わが国のさまざまな事故も、想定外ではなくなんらかの共通の個人や組織の失敗に分類できることを失敗事例の大量のデータベースをもとに明らかにしている。人間も技術も大丈夫と過信して同じような失敗を繰り返す。まれにしか生じないこのような失敗が、取り返しのつかない最悪の結末につながる。

このように七〇年以上前の随筆から二七年前の社会学の古典、そして最近の失敗学の文献まで目を通していくと、想定外とされる事故の防止と解決には、自然科学と社会科学の垣根を越えた総合的な思考にヒントがあることに気づかされる。日本経済の失われた二〇年も、組織やシステムの総合的な工夫で解決できるものなのかもしれない。

（「ＣＦＯ ＦＯＲＵＭ」二〇一一年九月一〇日）

§1-07

日米電機産業にみる企業盛衰のルール

- 『Strategy Rules: Five Timeless Lessons from Bill Gates, Andy Grove, and Steve Jobs』David B. Yoffie & Michael A. Cusumano（Harper Business, 2015）
- 『日本型モノづくりの敗北 零戦・半導体・テレビ』湯之上隆（文春新書、２０１３年）

日本の経済成長を支えた総合電機産業は衰退の一路をたどっている。私は一九七二年から九八年まで日本長期信用銀行に勤務し、わが国銀行業の一時的な成功と衰退を体験し、その経験を生かして大学で経営学を教えている。そこで使う米国直輸入の教科書によれば、急激な環境変化の影響であらゆる産業がダイナミックに変化し、そのなかで衰退する企業がある一方で、そこから必ず新しい企業が生まれるとされる。日本で同様の新陳代謝がなぜ起きにくいのか。それは大企業のサラリーマン経営者による過去の成功体験に過剰に依拠した内向き経営と環境変化への無作為、低収益を甘受する売上高シェア至上主義と横並び的多角化経営、それを可能にした政府の戦略なき産業保護政策と銀行による衰退企業への継続支援だと私は考えている。

『**Strategy Rules**』は、ハイテク企業戦略論の権威のヨフィー・ハーバード・ビジネススクール教授（長年インテルの社外取締役を務める）とクスマノＭＩＴ教授の共著書だ。そこでは、マイクロソフトのビル・ゲイツ、インテルのアンディ・グローブ、アップルのスティーブ・ジョブズという三人の優れたリーダーたちの、競争に勝利する戦略の共通点と相違点が、長年の研究成果に基づきわかりやすく整理されている。それは日本企業の今後に何が必要かを考えるのに有用な基本的材料を提供しており、本邦企業経営幹部の必読書ではないかと思う。

著者たちは成功のルールを次の五点にまとめている。失敗を振り返りながら先を見通す、致命的にはならない範囲で大きなリスクをとる、プラットフォームを支配しバリューチェーン全体にわたる収益構造をつくり上げる、ライバルが巨大であっても相手の力を利用して打ち負かす、個々の構成員の最強の部分をベースに組織をつくり上げる、の五つだ。

三人の創業経営者は強烈なスピードで変化するハイテク産業の世界において、時には経営危機に直面するような失敗も犯しても、そこから学び、一〇年先を見据えて長期的な視点で競争に勝ち抜いていくための具体的な戦略を、強烈な意思で愚直なまでに実践してきた。いずれの企業も持続的に高い収益を達成してきたことは、彼らの戦略が正しかったことを証明している。創業者が去った三社ではこれまでのような順調な経営が続くのか予断を許さないが、その間にも米国ではグーグル、アマゾン、フェイスブック（現メタ）等々の、ハイテクとサービス業を結合し業界を支配する新たな企業が次々に生まれてきている。

これに対して、八〇年代に一時はパソコンのアップルや半導体のインテルを圧倒し、世界の半導体市場の八〇％を占め、テレビ市場を支配した日本の電機産業は、いまやみる影もない。

『日本型モノづくりの敗北』は、日本の半導体産業とテレビ産業がなぜ国際競争に負け衰退していったかをわかりやすく描く。著者はその理由を、高コストで過剰品質の低収益構造、一時的成功体験による技術過信文化、市場での顧客の要求ではなく供給側の事情による新製品の開発、長期の環境変化をみず全体最適ができず局所最適に走る戦略眼のなさ、戦略観のない政府の産業支援の五つの点にまとめている。そして、日本の半導体や電機産業がとるべき方策として、イノベーションを発明と市場の結合ととらえ新たな市場を創造し、価格支配力をもつ分野への集中を可能にする戦略眼をもち、連続的に技術が変化しすり合わせ技術が要求される製造工程での強みを生かし、新興国市場に出て市場の要請を理解し、模倣を超えたイノベーションを生むことに徹することを勧めている。

日本の大銀行や総合電機産業は、利益第一の短期的な視野に陥り、新たな市場を興すような企業文化も失せていっているようだ。優秀な人材がこれらの産業からスピンアウトし、フィンテックなどのハイテクと金融の融合分野等で技術とサービスを結合した新しい企業を興していってほしいと私は考えている。

（「ＣＦＯ ＦＯＲＵＭ」二〇一五年一二月一五日）

§1-08

優秀な組織がなぜ繰り返し失敗するのか

- 『規制の虜　グループシンクが日本を滅ぼす』
  黒川清（講談社、２０１６年）
- 『福島第一原発　メルトダウンまでの50年』
  烏賀陽弘道（明石書店、２０１６年）
- 『Drift into Failure: From Hunting Broken Components to Understanding Complex Systems』
  Sidney Dekker（Ashgate, 2011）

最近（二〇一六年）発覚した東芝の不正会計や三菱自動車のリコール隠しをみるまでもなく、なぜ優秀な人材をそろえた伝統的なわが国の大企業が不祥事を隠したり、社内の異論を封じたりしたあげく、企業の存続にかかわる大きな問題を引き起こすことを繰り返すのか疑問に思うことが多い。ただ、このような不祥事は日本企業に独特のもののように決めつける報道も多いが、欧米の企業や組織でも不祥事は繰り返し起きている。では、何が違うのであろうか。一一年三月の福島第一原発事故から五年が経ち、もう一度事故の本質を見直そうとする本が出てきたので、欧米で進んでいる組織事故の理論と対比しながら組織の失敗に対する日米の対応の相違を考えてみたい。

『規制の虜　グループシンクが日本を滅ぼす』は、日米の医学界で活躍し日本学術会議会長を務めた著者が、政府とは独立した国会の東京電力福島原子力発電所事故調査委員会を運営するなかから学んだ事実を通して、不都合な真実から目をそらす日本の組織に警鐘を鳴らしている。それは専門家の異見を排除し、データや事実によらない楽観的な思い込みでその場限りの対応を進め、最悪の事態に陥るまで右往左往する日本の組織やそのリーダーの問題である。国会事故調査委員会の活動は一一年一二月から翌年六月までのわずか六カ月であったが、各分野の専門家をプロジェクトチームとして集め、プロのコンサルタントを調査統括とし、国会図書館のリサーチ・チームの力を借りて、事実をベースに積み上げて問題点を解明し、今後の原子力政策やそれを扱う組織についての提言をまとめた。

そこでは事故が起きた背景を、規制を守ってさえいれば事故は起こらないという〝規制の虜〟となった関係者の、異論を許さない日本人特有の固定された思考法に求める。専門家との情報の共有を避け、まれにしか起きない事故に備えた多重防護が必要だとする海外からの忠告も無視した。著者たちの報告は海外から注目を浴び、貴重な情報として利用されているが、日本の政府はその後五年経ち福島事故からの教訓を振り返ることなく、原発再稼働に向かって突き進んでいるようにみえると著者は指摘する。

『福島第一原発　メルトダウンまでの50年』は、原発事故から五年が経ち、当初から継続して取材を続ける記者もいなくなったなかで、あまりにも未解明の問題が多いとして自費で取材を続ける記者の経過報告である。事故当初なぜ政府の意思決定は遅れたのか、マニュアルにもある緊急冷却装置がなぜ使われなかったのか、事故後の住民避難対策がなぜおざなりにされたのか、事故後の炉心溶解や放射能拡散予測は、事前のシミュレーションによりわかっており、その分析は首相官邸にも届いていたのに、なぜそれが利用されなかったのか、といった非常に重要な点が、いまだ十分に解明されていないとしている。

著者は地道な取材により、これらの問題のすべてが、役所間の縦割りによって制度や法律が実効性を欠き、電力会社や政府が情報を公開しない秘密主義で専門知識の共有が妨げられるといった、日本の組織の特徴と法律行政制度の問題、そして意思決定に必要な重要な情報を見逃したり、マニュアルを軽視したり、無駄な会議で即時の対応を遅らせるなどのヒューマンファクターに帰することを明らかにする。そして、福島原発事故の徹底的な検証による原因究明と責任追及なしには、日本ではまた同じ失敗が繰り返されるだろうとしている。

この福島原発事故から五年を機に最近出版された二冊を読むと、科学技術の先進国であるはずの日本が、専門家軽視、縦割り組織のサイロに閉じこもった集団思考（グループシンク）、あいまいな意思決定と責任体制といった組織の問題によって、危機に直面した際に判断を間違い、また過去の失敗の総括ができないために、同じ失敗を繰り返す可能性が大きいことがよくわかる。

それではどうすればよいのであろうか。それは、同じような事故等による失敗を何度も繰り返しながらも、専門家からなるプロジェクトチームによる徹底的な原因解明と責任追及（場合によっては故意に責任を追及しない）により、同じ失敗を避けようとする米国等の事例が参考になる。とりわけ、災害社会学や組織論の学者を中心に、このようなヒューマンファクターによる組織事故についてデータを積み上げて分析し、それを概念化することで、その後の事故防止や事故拡大を防ぐ組織の一般理論化が進められており、それらの多くが翻訳され、わが国にも紹介されている。

『**Drift into Failure**』の著者Sidney Dekkerは現在豪州ブリスベーン大学教授で、多くの論文や本を出版しているこの分野の第一人者である。本書はまだ翻訳がないが、複雑化した組織がなぜ自らは気づかないままで多くのヒューマンエラーを起こすような組織に変貌していくのかを理論的に解明しようとする。本書では、現代の複雑化する組織が、限られた資源で複数の目標を達成しようとして、それまでその組織を成功に導いた組織間の関係や意思決定の仕組み自体が、日々の小さな意思決定の間違いの積み重ねを通じて、組織の存続を危うくするような危機を導くことを概念化している。題名が示すように「組織は失敗にいつの間にか陥っていく（drift into failure）」のであり、いかなる組織もそれを免れないとする。とりわけ現代の激しい競争環境下で、これまでと同じ業務をより効率的により少ない資源で行おうとする場合に、一時的にはそれが企業を成功に導いているようにみえても、結局企業を破滅に導くことを示す。つまり、組織は成功しているようにみえること自体から失敗するのである。

著者はこのような巨大で複雑化した組織が失敗を避けるための処方箋として、組織がリダンダント（重複し余裕と柔軟性をもつ）で、組織間の境界をあいまいにし、組織の構成員を多様化することの重要性を指摘する。日本の閉ざされたサイロのような組織は、このような欧米の失敗組織に関する学術的な研究の成果から学ぶことが多いように思う。

（「ＣＦＯ ＦＯＲＵＭ」二〇一六年六月一五日）

§1-09

カルロス・ゴーンとは何者だったのか

・『Broken Alliances: Inside the Rise and Fall of a Global Automotive Empire』Carlos Ghosn and Philippe Riès（Tanooki Press, 2021）
・『生涯弁護人：事件ファイル１・２』弘中惇一郎（講談社、２０２１年）

カルロス・ゴーン日産元会長の報酬隠しに関与したとして金融商品取引法違反に問われたグレッグ・ケリー元代表取締役に対し、東京地裁は二〇二二年三月三日、一部有罪の判決を言い渡し、逃亡中のゴーン元会長には主犯として事実上の有罪を認定した。ゴーンはこの判決を逃亡の地レバノンでどう聞いただろうか。

私は〇〇年から〇五年ごろにかけて、ゴーンの日産再建のケースを、立命館アジア太平洋大学や、当時講義に出かけていたシカゴ、シンガポール、ブルガリアの大学院等の授業で、異文化経営の成功事例として取り上げ、学生の高い関心を得た。

その経営者としてのゴーンの名声は、一八年一一月の東京地検による金融商品取引法違反容疑による羽田空港での突然の逮捕劇で地に落ちることになった。ゴーンはどこで間違ったのか。日産の経営再建に乗り込んだ初期のリストラ成功による自信過剰、カリスマならではの独裁経営、米国グローバル大企業基準での過剰な経営者報酬を当然とする思考、これを許した日産のガバナンス構造の問題、などが指摘されているが、「強欲経営者」との評価はこの判決で確実なものになったともいえる。

そこで、最近日米で出版された本からゴーン本人の実像を探ってみた。

『**Broken Alliances**』はゴーンのレバノン逃亡後初めての著書で、逮捕劇の背景や日産とグローバルな自動車産業の経営の行方について、フランス人ジャーナリストとともにまとめた本である。フランス語の原本を英語に訳したもので大変読みやすくお薦めだ。実は日本語版も昨年末出版されているが、翻訳文が難解との評判があるようだ。

日本の検察の無期限留置と自白強要の行動は、スターリンの秘密警察に匹敵するものだとして、自らの潔白をゴーンは主張する。過剰報酬かどうかは株主が判断する問題だし、グレーな資金の流れがあるとすれば、そのようなことを許した日産の組織の問題であって、それを自分や大株主のルノーにも隠して、日産幹部が司法取引で検察と結託して事件化したことをゴーンは批判する。その背景として、ルノーによる日産の乗っ取りを恐れる日本政府の意図があったことも示唆している。

日産の従業員にプライドと安心を与え、その後もグローバルなアライアンスで世界一の自動車メーカーになることを目指して、高いが決して不可能ではない成長目標に従業員とともにチャレンジしてきたとし、日産の経営陣を多国籍化し、電動化などのイノベーションについても他のメーカーに先んじて取り組んできたとゴーンは主張する。

ゴーンは日産の経営を優れた日本人たちに譲って引退しようと考えていたときに、この事件に巻き込まれたとし、意気軒昂にグローバル化のもとでの自動車産業の行方について語っている。

『生涯弁護人』は村木厚子事件、小沢一郎事件、三浦和義事件等で活躍した敏腕弁護士の著者がこれまで取り上げた主な事件を振り返った二巻一〇〇〇ページ近くに及ぶ大著であるが、それぞれの事件の内容と裁判の経緯と、弁護人としての著者の無実の容疑者を救おうとする真摯な取組みが平易な言葉で興味深くまとめられており、一気に読んでしまった。

ゴーン事件については、第二巻の最終章で一〇〇ページにわたり検察とのやりとりも含めて詳しく述べられている。四度にわたる逮捕と長期の拘留により自白を強要する人質司法を強く批判する。一種の国策捜査で証拠も不十分な事件を、検察は裁判を引き延ばしながら後づけで証拠集めを進めようとしていたので、見通しが立たない裁判についてゴーンを絶望的な気持ちにさせて、逃亡を決定する大きな要因になったとする。そのうえで、一連の罪状はいずれも証拠が不十分で、三年から五年の裁判を経ていずれは無罪となっていたと主張している。

ここではゴーンの日常についての著者の観察が面白い。ゴーンは月数回の弁護会議では、意思が強く自信に満ちて無実の主張や裁判に対する考え方を明確に述べ、非常に精力的に議論を進め、そのやり方が際立っていた。保釈中のゴーンは普段、弁護士事務所に朝の一〇時から夕刻五時ごろまで詰めて、唯一使用を許されたパソコンで文章をつくったり、オンライン会議をしたりしていた。昼はウーバー・イーツでラーメンを取り寄せるなど意外に庶民的で、自宅との往復に使う月極のハイヤーの契約をするにも相見積りを要求するなど、その行動は合理的であった。

ゴーンは人物としても面白く、人生最大のピンチを前に検察にひるむことは決してなかったが、家族に優しい人物で、裁判の前途と妻と会えない苦しみが、レバノンへの逃走という想像もできなかった行動に導いたのだと著者は指摘している。

（「ＣＦＯ ＦＯＲＵＭ」二〇二三年三月一五日）

Cinema ①

アカデミー賞が映す多様性の時代

- 『ブラック・クランズマン』（原題：BlacKkKlansman）２０１８年、監督：スパイク・リー
- 『ROMA／ローマ』（原題：Roma）２０１８年、監督：アルフォンソ・キュアロン

アカデミー賞とは、映画界に功績のあるハリウッドの映画人たち（現在は世界の映画人約八〇〇〇人が会員）によって創設された映画芸術科学アカデミーが毎年二月に開催する映画界最大のイベントで、前年に公開された優れた映画に贈られる賞のことである。米国では映画は国民的娯楽であり、アカデミー作品賞にノミネートされる映画は、その時々の大衆の興味を反映している。われわれはこれらの秀作をみることで、その時々の米国社会の動向を読み解くことができる。

もともとアカデミー作品賞は『風と共に去りぬ』のような娯楽性の高い大作が受賞していたが、最近では米国社会の多様化を反映し、またハリウッドの反中央権力の伝統もあって、より社会性の強い作品がノミネートされている。二〇一八年には有名なプロデューサーのセクハラ

事件をきっかけに#MeToo運動が活発化し、LGBT+の女性を主人公とする『シェイプ・オブ・ウォーター』が受賞した。今年の作品賞ノミネート作をみると、トランプ大統領の国民を分断する言動の風潮のなか、反差別と多様性をテーマとする作品が多かった。

一八年度アカデミー賞ノミネート八作品中、『ブラックパンサー』『グリーンブック』『**ブラック・クランズマン**』の三作品はアフリカ系米国人が、『アリー／スター誕生』と『女王陛下のお気に入り』は女性が、『ボヘミアン・ラプソディ』は同性愛者が、『**ROMA／ローマ**』はメキシコ人の少数民族の女性が、それぞれの主人公になっている。『バイス』は政治映画だが、お定まりの大統領ではなくチェイニー副大統領を主人公とし、できの悪いブッシュ（息子）大統領を陰で操り、議会にも大きな影響力を行使してイラク戦争に突き進んだ行動（バイス・プレジデントと悪徳のバイスをかけている）を批判的に描く。ライス国家安全保障担当大統領補佐官やパウエル国務長官をはじめ登場人物がそっくりさんばかりのため、ドキュメンタリー映画でもみているようで、米国の政治に興味がある人には面白い。

私は八作品中『ブラックパンサー』を除く全作品を鑑賞することができた。そのなかで日本のビジネスエグゼクティブに特にお勧めなのは次の二作品だ。

『ブラック・クランズマン』は、反差別映画としてだけではなく警察組織ものとしてみると面白い。米国の地方警察はメンバーが多様で、それぞれが勝手に動くまとまりのない組織だ。ところが、目的が明確に示され指揮官が強いリーダーシップを発揮すれば、全体が大きな成果を上げる。その際に、FBIなどの連邦政府の競合組織が出てくると、地方の警察は反中央の意識からよりよくまとまる。この映画の冒頭に、ハリウッド誕生の父と呼ばれるD・W・グリフィス監督の映画史に残る大作『国民の創生』で白人至上主義団体のKKK（クー・クラックス・クラン）が白覆面の装束で行進する、有名なシーンが出てくる。クランズマンとは、南北戦争後南部で結成されたKKKのメンバーの意味だ。数々の黒人差別を告発する映画を撮ってきたスパイク・リー監督は、一九七〇年代のコロラドスプリングスの白人中心の警察署に採用されたアフリカ系米国人新米刑事とユダヤ人刑事のコンビが、公民権運動指導者に対してテロを企むKKKに潜入捜査する様子を、警察署内の人間関係のユーモアを交えて描く。アメリカファーストを唱えるKKKの主導者が現代のトランプ大統領に重なり、国民の対立構造を変革していこうという監督の明確なメッセージも読み取れる。

『ROMA／ローマ』は従来のハリウッドの大手スタジオが製作配給するヒーローやSFもの大作映画に対し、動画配信のネットフリックスがニッチで意欲的な作品に資金を提供し配給したという意味で、新たな映画の時代を予期させる作品だ。本作は一応劇場で公開されているのでアカデミー賞の条件を満たすが、主たる興行収入は動画配信からもたらされる。メキシコ出身のキュアロン監督は、無名俳優を起用し、スペイン語・白黒画面で七〇年代のメキシコシティの中産階級の町ROMAでの家族の日常を、少数民族出身の家政婦の目から淡々と描き、みる者に心の深いところで残る子供時代の家族や周辺の人々とのつながりを思い起こさせる。私は自宅のテレビ画面で本作品をみたが、その静かに流れる人々の日常を描く白黒の画面の美しさ、メキシコの街を再現した画面にあふれる小鳥や物売りの音や動きは感動的だった。映画館の大画面でもみてみたい作品だ。

（「CFO FORUM」二〇一九年五月一五日）

コメント

グローバルな企業経営環境はこの二〇年間で激変した。そのなかで、環境に適応できなかった多くの日本の大企業が競争に敗退していった。

二〇〇〇年代に入ってのグローバル企業経営の基本的考え方は、経済効率を優先した生産拠点の最適立地による国際分業と、グローバルなサプライチェーンの確立にあった。多くの米国企業は製品の設計やマーケティングに特化し、製造はコストの安い中国などアジア地域に分散していき、これを瞬時につながるサプライチェーンで結び、世界最適生産を目指した。

米国では、環境変化のなかで産業がダイナミックに変化し、その過程で衰退する企業がある一方で、そこから新しい企業が生まれてくる。人工頭脳やビッグデータの処理などの先端技術をベースにしたＧＡＦＡに代表されるような新興企業が米国経済の成長をけん引しており、そこで使われる先端半導体がこれらの企業の将来の成功を担っている。現在、米国は超微細化した高性能の先端半導体を単独では製造できないことから、オランダの半導体製造装置メーカーＡＳＭＬや台湾の高性能半導体の製造技術をもつファウンドリーＴＳＭＣと協力して、中国の台頭に対抗するために、国際的な経済安全保障体制を築こうとしている。

第一章での一貫した問題意識は、企業を取り巻く大きな環境変化のなかで、一時的に成功しているようにみえる企業も、組織やリーダーの問題から衰退していくことが多いという事実である。

このところ日本の大企業は経済のグローバル化のなかで、長期継続的な関係を軸とする日本型企業システムと、そのなかでの共同体的な従業員の行動原理を改革することなく、米国流の株主を中心とする資本主義を目指し競争を進めてきた。しかし、経営陣は米国流の株主資本主義のもとにある米国企業や従業員の行動原理をよく理解せずに、米国流の経営をかたちだけ導入していき、既存の日本型組織との不適合が放置されたところに問題があった。その結果、一九八〇年代には世界をリードしていたはずの電機、鉄鋼、造船、化学、銀行といった日本の大企業の多くが、グローバル企業競争に敗退していくことになった。

この間、米国企業の経営の本質は何も変わっていない。唯一違うのは、米国では八〇年代には「日本企業の長期的視野での経営の成功に学べ」といわれていたのに、現在は同じ「日本企業の失敗に学べ」といわれている点だ。日本のビジネスエグゼクティブや経営学者は、米国流の企業経営をあるときは持ち上げ、ある時はこき下ろすが、その理由を厳密に分析しているわけではない。日本の大企業社員は、あまり勉強することなく社内の出世競争に明け暮れるうちに、仲良し集団で居心地のよい経営陣を構成し、経営判断の誤りを正されることなく積み重ねていったようにもみえる。

この間に凋落した日本の大企業の典型が東芝である。戦前の東芝は、電球マツダランプで得た独占的利益を足がかりに、家電から重電までカバーする総合電機会社に成長した。戦後の一時期、労働争議で経営の危機に瀕したが、経団連会長も務めた石坂泰三や土光敏夫などの優れた経営者が経営を立て直した。家電分野が成長をけん引し、半導体や原発部門が成長し、日本を代表する総合電機会社「世界の東芝」となった。しかし、きわめて多角化し各部門が縦割りで独立性をもつ巨大な企業の経営は、社内で育ち、出身部門中心のキャリアしか経験していないトップ経営層には困難であった。一方で、「四半期ごとの株主リターン」や「選択と集中」など米国流の経営を表面だけ取り入れた結果、二〇〇〇年代に入ると部門内での粉飾決算や、原発部門の過大な投資等により経営危機に瀕した。再生を図る過程で資本を依存する投資ファンドに翻弄され、虎の子の半導体メモリー事業やパソコン事業部門も手放して凋落していく。このようにして日本を代表する企業は業務をインフラなどの特定部門に集中し、非上場化で生き残りを図る企業となった。

日本の大企業はなぜグローバルな市場で競争力を失っていったのか。リスクを回避する大企業のサラリーマン経営者の環境変化への無為無策、低収益を容認する売上高第一の横並び的多角化経営、政府の戦略なき産業保護政策と銀行による衰退企業への継続支援が、その主要因である。

この間経営に失敗した企業の多くではリーダーに問題があった。経営リーダーの問題は万国共通なようにもみえる。GEのジャック・ウェルチや日産のカルロス・ゴーンのように合理的で優秀といわれた経営者が失敗するケースは後を絶たない。最近では、起業の天才といわれるイーロン・マスクが二〇二二年一〇月にツイッターを買収してから一年がたち、社名を「X」に変更し、大規模リストラやサービス見直しなどの「マスク流」経営改革を進めたが、ツイッターの革新的企業文化を破壊し、優秀な人材の流出を招き、偽情報拡散の懸念などから広告収入は激減し、収益改善の見通しは立っていない。

経営リーダーの行動のどこに問題があったのか。その原因はさまざまであるが、短期の収益第一主義や過去の成功体験に固執して環境変化に気づかないことから起きることが多い。

日本企業は経営の失敗を避けるためにどのような改革を進めればよいのか。伝統的な企業間や企業内の長期的関係の良さを残しつつ、環境変化に柔軟に適応した企業の新陳代謝や労働者の移動が可能になるような構造改革を進めて行くことが、今後日本企業が国際競争力を回復するカギとなろう。

第2章

経営戦略と組織
——成功企業の条件

§2-01

マネージャー（経営管理者）の学としての戦略経営

・『Strategic Management』
Garth Saloner, Andrea Shepard and Joel Podolny（John Wiley & Sons, 2001）
（邦訳：石倉洋子訳『戦略経営論』東洋経済新報社、２００２年）
・『競争戦略論』
青島矢一・加藤俊彦（東洋経済新報社、２００３年）

マネージャー（経営管理者）の仕事を、会計や財務・マーケティング・人事などの単なる職能管理ではなく、それらを統括する戦略的思考であると位置づけて、マネージャー養成の専門大学院として一九〇八年に設立されたのがハーバード・ビジネススクールである。設立後まもなく経営の各個別分野を統合した経営判断を学ぶ「ビジネスポリシー（経営政策）」のコースが設けられ、それが現在の「ストラテジックマネジメント（戦略経営）」のコースに発展している。つまり戦略経営とは、一つの独立したビジネス部門を統括するマネージャー（部門長や部店長）やいくつかのビジネスを束ねる本社のマネージャー（本社部長）、あるいはトップマネジメント（ＣＥＯ、ＣＯＯ、ＣＦＯなど）が、直面するビジネスの戦略的課題を、より広い視野で考える論理的思考方法や問題分析のための概念的枠組みのことを指している。

経営管理者層のコーポレートエグゼクティブが、ビジネス部門や企業全体の戦略的経営を考えるとき、その論理を整理するのに最適かつ最良の洋書と和書を一冊ずつ選んでみた。巷の書店にはカタカナ語があふれた経営戦略関連の本が山のように並んでいるが、読者の皆さんはこの二冊だけに集中して戦略経営について思考をめぐらしてみると、参考になることが多いのに気づくし、また、これまでのビジネス現場で日常的に考えていたことがすっきりした概念によって理論的に整理されるであろう。

『**Strategic Management**』はスタンフォード・ビジネススクールの戦略経営のテキストである。戦略策定者としてのマネージャーを、ジェネラルマネージャー（経営者）、コーポレート（本社）マネージャー、事業マネージャーの三つに分け、その役割と思考の枠組みをロジカルに説明する。企業の競争優位は、その資産や組織のあり方など内的コンテクストと、企業の置かれた政治経済や業界の環境といった外的コンテクストの両者の影響を受け、その結果が業績につながる。マネージャーの戦略的経営の仕事は、この内外のコンテクストを理解し、目標を達成するうえで最善の行動を選択する指針となる枠組みについて考えをめぐらせることである。企業を経営するマネージャーの立場から、より現実に近い枠組みを用いて戦略についてロジカルに解説されていることから、経営管理職層が時間をかけてじっくり読めば本書から学ぶことは多い。翻訳も正確で読みやすいのでこちらもお勧めする。

『**競争戦略論**』は、わが国の企業の実情をよく理解している日本の経営学者たちが、米国で発達した「競争戦略論」の理論的枠組みを日本企業の実例に当てはめてわかりやすく説明した良書である。マイケル・ポーターは日本企業には戦略がないというが、実は米国のテキストに書かれているような戦略を、各企業がそうとは意識せずに実践しているケースも多い。問題は米国のようにビジネス専門教育がまだ発達していないなかで、日本の経営管理職層がここで書かれたような概念化の論理を理解していないため、日本企業には戦略がないようにみえるところにある。
　本書は、邦書にありがちな経営管理のツールを断片的に紹介しただけの本と違い、カタカナ語は最小限に抑え、経営戦略の論理をポジショニングアプローチ、資源アプローチ、ゲームアプローチ、学習アプローチの四つのアプローチから概念化し、その概念を使って実務家が納得できるように経営戦略を説明している。コーポレートエグゼクティブの必読書といえる。

（「ＣＦＯ ＦＯＲＵＭ」二〇〇三年六月一〇日）

§2-02

企業経営の成功と失敗
――組織能力と戦略構想力

- 『能力構築競争―日本の自動車産業はなぜ強いのか』
  藤本隆宏（中公新書、２００３年）
- 『The End of Detroit: How the Big Three Lost their Grip on the American Car market』
  Micheline Maynard (Doubleday, 2003)
- 『The Innovator's Solution: Creating and Sustaining Successful Growth』
  Clayton M. Christensen & Michael E. Raynor (Harvard Business School Press, 2003)
  （邦訳：櫻井祐子訳『イノベーションへの解』翔泳社、２００３年）

グローバル競争をリードする日本の自動車産業の競争優位は、自動車大国米国に学び勝ち取ったものである。顧客満足の追求と徹底的な生産方法の改善により、トヨタやホンダは米国市場に定着する一方でビッグスリーは凋落を続けている。日米の自動車産業の実態について異なる側面から描いた最近のベストセラーを読み比べるなかから、われわれはさまざまな教訓を学ぶことができる。

『**能力構築競争**』は、日本のものづくり現場の実態を概念化することで、日本の経営学者を代表する著者が、その長年の研究成果を一般読者にもわかりやすくまとめたものである。著者は、「二〇世紀最後の四半世紀、自動車産業の発展を牽引していたのは能力構築競争である」とする。「能力構築競争」とは、企業が開発・生産現場の組織能力を切磋琢磨し、工場の生産性、工程内不良率、開発リードタイムなどの裏方的な競争力指標の優劣を、まじめにかつ粘り強く競い合うこととされる。一見愚直ともいえる横並びのものづくりの組織能力を高める競争こそが、独自の競争優位をもたらす源泉となり、それは一種のグローバルスタンダード化しており、この優位を最終損益に結びつける戦略的構想力が日本の自動車産業にとり今後の課題であるとする。他の製造業もこれに学び、まず足元のものづくり能力を徹底して突き詰めることを主張する。このような基盤としての現場ベースの組織能力なしに、戦略構想力ばかり唱えても意味がないということになる。

『**The End of Detroit**』は、米国の著名な自動車ジャーナリストが、三カ月の日本滞在を含む日米欧の関係者に対するインタビューを通じ、米国市場でビッグスリーが凋落し、海外の自動車メーカーがそこに根づいていくこの二〇年の業界動向とその背景を生き生きと描く。フォードの大量生産方式やＧＭの事業部制組織に始まり、さまざまな経営的成功により、近代経営理論の基礎を築いたビッグスリーはいまや消滅の危機に瀕している。二〇一〇年には米国市場でのビッグスリーのシェアは五〇％以下となり、一社が倒産するか、大手二社が合併するか、さらに一社が海外企業に買収されるかのいずれかが生じることを予測する（実際にGMは〇九年に倒産しいったん国有化、クライスラーは一四年フィアットに買収された）。この凋落の原因はビッグスリーのトップダウンによる戦略の誤りにある。大量生産で利益の大きいSUVやトラックに経営資源を集中し長期的な投資を怠る一方で、年金の積立不足により財務負担が膨大になり、ビッグスリーはもはや長期的な投資を支える収益力を失ってしまった。これに対し海外自動車メーカーは、顧客に対する価値の提供を求めて労組の影響が小さい米国南部に最新で競争力の高い工場を次々と新設し、いまやデトロイトをしのぐ自動車工業地帯を築き上げた。その魅力的で高品質の車種により、最も良質の顧客が米国車から海外自動車メーカーの米国産車に雪崩を打って移っている現状を、著者は具体的に明らかにしていく。トップダウンの戦略構想力を重視するビッグスリーは、その戦略目標が長期的な顧客価値の追求ではなく短期利益指向となり、競争力の基盤である資源やプロセスの重要性を忘れ、その価値基準が環境に適合しなくなったのである。

組織能力とイノベーションとの関係に興味のある読者は、最近よい翻訳書が出版された『**The Innovator's Solution**』をぜひ手にとり熟読すべきである。組織能力の構築を忘れ旧来の価値基準に満足する企業は消滅する。トヨタやホンダですらその例外でないことを著者は資源ベースの理論にのっとり論理的に展開する。『能力構築競争』と併読すれば最新の経営学の有用性が理解できる。

（「CFO FORUM」二〇〇四年三月一〇日）

§2-03

制度と文化
――組織を動かす見えない力

- 『Blood on the Street: The Sensational Inside Story of How Wall Street Analysts Duped a Generation of Investors』Charles Gasparino（Free Press, 2005）
- 『制度と文化―組織を動かす見えない力』佐藤郁也・山田真茂留（日本経済新聞出版、２００４年）

「組織を組織たらしめている固有の文化は、実際には、組織を取り巻く制度的な環境から大きな影響を受けている」（佐藤・山田『制度と文化』）。

米国の投資銀行組織は、それを取り巻くウォール街の貪欲に金銭的果実を追求する文化と、ルールを破る者を厳しく監視する規制や制度により成り立っている。一方、日本の証券会社組織は、それを取り巻く兜町の人間関係や貸し借りに基づく企業文化、さらには現実の後追いで海外から導入してきたさまざまな制度や規制により成り立っている。前者の世界を支配するのが性悪説である一方、後者においてはどちらかといえば性善説の文化が環境を支配する。

米国の投資銀行は、日本での業務のフォーカスを、日米の異なる制度的環境の隙間で競争が少なく超過利潤が期待できる分野に絞る。このような組織を日本人が敵視して「ハゲタカ」と呼ぼうと、「ハゲタカ」的行為自体がウォール街の制度と文化を体現したものであるので、彼らにはなんら恥じるところはない。しかし、日本の金融機関は「ハゲタカ」と呼ばれた瞬間に、日本の制度と文化のなかでは仲間として受け入れてもらえなくなる。ライブドアはそのような隙間に米国の投資銀行の流儀を持ち込み、若者の文化を体現したスタイルで人々を魅了した。しかし、よく考えれば、M＆Aの規制や制度も不備で、ルールを破るものを取り締まる組織も十分に発達していない日本の状況で、このような敵対的買収が増えていくことは考えにくい。

「ウォールストリート・ジャーナル」の敏腕記者として、一九九〇年代以降のウォール街のさまざまなスキャンダルを読者の前に明らかにしてきたガスパリノは、近著『**Blood on the Street**』のなかで、ウォール街のプレーヤーたちがいかにルールを踏みにじり、投資家を騙すことで自らの貪欲を追求し私腹を肥やしていったかを生き生きと描いている。ＩＴ・通信ブームのなかで頭角を現したウォール街の著名アナリストたちが、その本来の投資家に中立的投資情報を伝える立場から、投資銀行部門の引受業務を拡大し組織の利益を極大化する利益相反行為にいかに簡単に走っていったかを、次々と具体的に暴いていく。米国のウォール街の本質が、ルールをかいくぐる貪欲なプレーヤーたちと、これを摘発して自らの名を上げようとする規制当局との間の競争と、その成功と転落の物語にあることが読者の前に明らかになる。読者はこの優れた調査報道の系譜につながる本書から、金銭だけが成功の証である貪欲なウォール街の組織と文化の実態とその問題点を実感できる。

気鋭の組織学者の手になる著書『**制度と文化**』は、ウォール街と兜町にみられるような、そこで強力な影響力をもつ、組織を取り巻く文化的・制度的な環境の役割を分析するための枠組みを、わかりやすく読者に指し示す。内容はかなり高度の理論を含むが、このような本をじっくり読めば、米国でできあがったルールや制度をそのまま日本に導入することには多くの問題があり、場合によっては間違ったことになることが理解できる。米国で一時代前にはやったポイズンピルやホワイトナイトなどの言葉をもてはやす前に、なぜ米国で八〇年代に敵対的買収の仕組みが出てきたのか、その背景となるウォール街の制度と文化をよく理解する必要があることを、本書はわれわれに教えている。

（「ＣＦＯ ＦＯＲＵＭ」二〇〇五年六月一〇日）

§2-04

場の日本経営、戦略の米国経営

・『場の論理とマネジメント』
伊丹敬之（東洋経済新報社、２００５年）
・『Competition Demystified: A Radically Simplified Approach to Business Strategy』
Bruce Greenwald & Judd Kahn（Portfolio, 2005）

長い間米国企業とのビジネスに従事した経験から、米国の企業経営は特殊なものだと思わざるをえない。このような問題に最初に気づかされたのは、一九八〇年代後半に勤務していた銀行が米国の証券会社を買収し、私が経営管理担当として派遣されたころである。日本の銀行も参入が容易で自由な市場と考えていた米国の金融証券市場が、実は日常的な取引監視の目が二重三重に張り巡らされ、すべての市場参加者が悪事を行うことを前提にその制度が設計されていることを痛いほど思い知らされた。一方で、日本の経営もまた別の意味で特殊である。市場ではメンバーの関係性が重視され、見知らぬ人が市場に入るには困難があるが、いったん信頼を得られれば、かなり自由な行動ができる。そこでの制度は性善説を前提にしている面があり、監視の目は緩やかなので、悪事がはびこる可能性がある。

伊丹敬之は、日本と米国との経営スタイルには基本的な違いがあることを、日本企業の実態を現場から観察することで明らかにし、日本企業の特徴について欧米人にも論理的に理解できるような概念化を行ってきた優れた経営学者である。八〇年代に発表された「人本主義」の論文はいまでも米国のビジネススクールで読まれている。

『場の論理とマネジメント』で伊丹は、戦略や組織の二分法ではなく、その間をつなぐ経営のプロセスを出発点に、「場」のコンセプトで日本企業の特徴を概念化する。日本企業では明確な戦略が表面上みえず、組織上の役割分担も不明確なようにみえるなかで、団子のように仕事をしながらその経営がうまく機能している。これは、組織の成員が「場」を共有し、そこでの縦横の相互作用のなかで共通の理解や心理エネルギーが生まれることで、経営が機能しているのだとする。このような経営のプロセスと組織構造をつなぐ作用を「場のマネジメント」と名づけ、その論理化、概念化を図る。「場」は、連続性のなかでの革新や、既存の安定的組織構造のうえに新しいものをうまく受容させる役割を果たす。そこには、企業が存続していくための一貫性と、経営の不確実性を高めない工夫の基礎がある。

『Competition Demystified』は、ポーターの競争戦略論を超える革命的で簡明な戦略論と称する、コロンビア大学ビジネススクールのブルース・グリーンワルド教授を主著者とする近刊である。コンパック、アップル、ウォルマート、コカ・コーラなど著名な企業経営の成功や失敗を事例に、競争に勝つにはどのような戦略が有効かを、実務家にもわかるように説明している。著者があげる事例で強調されるのは、米国の大企業が規模や業務範囲の拡大を図るあまりに、持続的な競争優位を失っている点にある。著者は特に地域的な競争優位の重要性を強調し、特定の地域で忠誠心のある顧客をベースに地域独特のサービスや商品を提供することによる、地域独占的な競争優位の重要性を見直すことを勧める。

米国の競争戦略論とは、いかにして競争の少ないところで競争に勝つか、そのために市場や競争相手を分析し、自己の強みを基礎に独自の戦略を立てるということに尽きる。日本の経営者はこのような戦略的考え方について十分に理解する必要があることは間違いないが、この新刊の内容がポーターの二五年前の理論を超えているとも思えない。日本企業にとって重要なのは、伊丹がいうように米国の経営と日本の経営は違うということを前提に、経営戦略や組織をつなぐプロセスを出発点として経営の論理を考えることのほうであるような気がする。

（「ＣＦＯ ＦＯＲＵＭ」二〇〇六年三月一〇日）

§2-05

日本のマネージャーと経営学

・『Management（Eighth Edition）』
Richard L. Daft（Thomson South-Western, 2008）
・『経営学への招待（第三版）』
坂下昭宣（白桃書房、2007年）

私は長年勤めた銀行が破綻した結果、「経営学」を勉強することになった。「わが銀行はなぜ経営に失敗したのか」というのがその問題意識だった。そこで最初に気がついたのは、勤務先ではトップからミドルまで経営の基本的論理の体系的理解を欠いていたように思えたことだ。英語を身につけるのにまず文法から入るように、企業経営を行うには少なくとも経営学の原理ぐらいは頭に入れておく必要があった。

日本企業の経営幹部の大半は法、経済、工学部の出身で、大学で経営学を勉強することはまずない。会社に入り上司の見よう見まねで経営の要諦を身につけ、いわゆるノウハウ本や成功した経営者の名言集のようなものでその理屈づけをしてきた。文法を無視して英会話を習うようなものである。企業内経営研修も管理職の心得のようなものが中心で、経営学を体系的に学ぶというようなことはなかった。

経営学を学べば実際の経営がうまくいくといっているのではない。よい経営には論理的な思考が必要で、その思考の枠組みの体系として経営学が役に立つということだ。経営学とは、いかに経営環境を理解し、分析し、戦略を立て、組織をつくり、人を動かし、経営成果を管理するかの枠組みである。組織を運営するための体系立った基本原理の理解があってはじめて、競争に勝ち、人を生かし、問題を解決して、高い経営成果を達成できる。

私はいくつかの企業で、経営学の理論と具体的なケースを組み合わせたミドル向けの研修をやらせてもらっている。今回紹介するのは、このようなときに私が頼りにする、日米で版を重ねた代表的な「経営学」の基本テキストである。テキストと侮ることなかれ。これを手元に置いて経営の辞書のように使えば、その役に立つこと本屋にあふれる実用経営書の数等倍である。

『**Management**』は、バンダービルト大学のリチャード・ダフト教授が初版を出して二十数年で八版を数える経営学テキストのベストセラーである（現在二〇二一年の第一四版が最新版である）。「経営学説史」に始まり、「経営環境の理解」「経営計画」「経営組織」「リーダーシップ」「経営管理」の六章にわたる八五〇ページの電話帳のような大著だ。米国の大学テキストはわかりきったようなことまで丁寧に説明してあるので分厚くなってしまうが、最新の学説まで理論を網羅し、それが適用される現実の経営事例とうまく結びつけられている。類書と比べてその平易で網羅的な本書の中身の優位性は明らかだ。人事管理の章など一部米国特殊的な章があることはやむをえない。

『**経営学への招待**』は、経営組織論の泰斗である神戸大学坂下昭宣教授（現名誉教授）のライフワークだ。最新の理論水準とわかりやすい入門書的記述が両立し、一九九二年の初版からこの三月に出たばかりの三版まで進化を重ねた日本のこの分野でのベストの書である（その後二〇一四年に新装版が出版された)。「戦略を立てる」「組織を作る」「人を動かす」という経営の三要素の枠組みに分けられ、全体で二九一ページとコンパクトにまとめられている。著者の専門である組織やリーダーシップの部分は入門書を超えて大変に深い内容となっており、じっくり読み込んで組織や人事の原理を考えるのに適している。ダフトの『Management』と比べて「経営管理」について触れられることがなく物足りない面はあるが、これは日本の経営学の入門書に共通するので仕方ない。情報技術を用いた経営管理の最先端理論の動向は『Management』で学べばよいだろう。

（「ＣＦＯ ＦＯＲＵＭ」二〇〇七年九月一〇日）

§2-06

銀行経営者のリーダーシップ

- 『The House of Dimon: How JPMorgan's Jamie Dimon Rose to the Top of the Financial World』
  Patricia Crisafulli（John Wiley & Sons, 2009）
- 『Last Man Standing: The Ascent of Jamie Dimon and JPMorgan Chase』
  Duff McDonald（Simon & Shuster, 2009）
- 『殻を破れ　四島司聞書』
  吉塚哲（西日本新聞社、２００９年）

サブプライム危機を境に、利益だけを追求する金融機関のビジネスモデルは敗退した。金融危機のなか、ウォール街の救世主として登場したＪＰモルガン・チェースのジェームズ・ダイモンＣＥＯは、その強力なリーダーシップによって世界で最も重要な銀行経営者になった感がある。

ダイモンは、巨大で多角化した金融コングロマリットのシティグループを築いたサンディ・ワイル（§１－02参照）の秘蔵っ子であった。株式ブローカーの父がワイルの知人であったことから、ハーバード・ビジネススクールを卒業してすぐに、当時アメリカン・エクスプレスの社長であったワイルのもとに補佐として入社する。その後一五年間ワイルの片腕として、次々に小が大をのみこむ買収で、トラベラーズという金融コングロマリットをつくり上げる。この間、ほとんど仕事中毒ともいえる現場主義のコストカットとマイクロマネジメントで、ワイルとダイモンは二人三脚の経営に成功する。しかし、巨大なシティグループのなかで、ダイモンの力がつきすぎることを警戒するワイルは、ダイモンを首にする。優秀な後継者を失ったシティグループは、結局、金融危機のなかで経営に失敗する。一方、追われたダイモンは、シカゴの地銀バンク・ワンのＣＥＯに引き抜かれ、ＪＰモルガン・チェースがこれを買収することで、結果的にその経営者となった。ダイモンは、部下を率いる前線指揮官としての優れた資質、金融ビジネスの高い理解力、リスクとコストに対する強い感覚で金融危機を乗り切った。政府の頼みでＪＰモルガン・チェースがベア・スターンズをはじめとした破綻した金融機関を救済することで、ダイモンは米国で最も注目される経営者の一人となった。

米国は人並み外れて強いリーダーが好きだ。金融危機が一段落して、次々にジャーナリストが描いたダイモンの伝記が出てきた。『**The House of Dimon**』は、シティグループ時代からベア・スターンズ救済までのリーダーシップの形成と実践を、公刊の記事やインタビューをベースに要領よくまとめているが、深い分析は少なく、やや表面的である。これに対して、『**Last Man Standing**』は本人や家族、部下へのインタビューを交え、ダイモンの生い立ちにも触れ、リーダーとして育っていった人となりや、その成功要因の分析がわかりやすい。本書に問題があるとすれば、ややほめ過ぎと思える点で、ダイモンは次に財務長官になるだろうとしている。

これに対して、生き残るのがやっとの日本の金融機関には、強いリーダーは不在である。そのなかで『**殻を破れ　四島司聞書**』はローカルな本かもしれないが、面白いので紹介したい。元福岡シティ銀行（現西日本シティ銀行）頭取で全国相互銀行協会会長として普銀転換を実現させた四島司は、稀有な革新的銀行経営者であった。当時八五歳の高齢にかかわらず（二〇一五年逝去）、九州大学の私の授業で話をしてくれた。二〇〇人の学生を前にして、「いまの日本の銀行は自己の生き残りしか考えておらず、九州の将来に必要な企業を誰も育てようとしていない。経営はサイエンスとアートだ。君たちは自分の感性を大事にして視野を広げ、自分の座標軸をもって、新しい発想で不安定でグローバルな世界に挑戦せよ」と一時間半にわたって語り続けた。

一九八〇年代に九州の代表企業となったロイヤル、ベスト電器、三井ハイテック、ゼンリンなどは、すべて四島がなんらかのかたちで育てた企業である。四島は現代美術のコレクターとしても世界に知られていた。いまも博多駅前に建つ赤レンガの旧本店ビルは、七一年（昭和四六年）に当時まだ無名だった磯崎新を起用してデザインさせたものである（この芸術建築は博多エリアの再開発のため、二〇二〇年に惜しまれつつ解体された）。本書を読むと、四島のもつ革新性、先見性がこれからの日本の銀行リーダーに求められていることがわかる。

（「ＣＦＯ ＦＯＲＵＭ」二〇一〇年三月一〇日）

§2-07

経済環境が大変動するとき必要な戦略的思考

- 『Strategic Management: Competitiveness and Globalization』Michael A. Hitt, R. Duane Ireland & Robert E. Hoskisson（South-Western, 2009）（邦訳：久原正治・横山寛美監訳『戦略経営論』センゲージラーニング、２０１０年）
- 『経営戦略ケーススタディ―グローバル企業の攻防』横山寛美（シグマベイスキャピタル、２００９年）
- 『The Art of Strategy: A Game Theorist's Guide to Success in Business and Life』Avinash K. Dixit & Barry J. Nalebuff（W. W. Norton & Co., 2008）

経営戦略とは、企業が高い業績をあげ競争優位を達成するための、方向性や指針を与える一連の意思決定や行動のことである。優れた経営戦略をもち実行する企業は、衰退せずに生き延びていくことができる一方で、それがない企業は、かなりの確率で衰退してしまう。優れた経営戦略には、企業を取り巻く外部環境と企業が有する資源の分析把握が不可欠になる。このような一連の作業に必要な思考が戦略的思考である。

特に現在の大激動の経営環境下、優良企業でもあっという間に奈落の底に転落する。世の中の変化がこれまでにない速さと深さであることを認識したうえで、この環境変化をどう読み取り、将来の競争優位へ向けてどのような素早い行動をとっていくか、トップからミドルまで、企業経営には戦略的思考が強く要請される。

そこで、今回はコーポレートエグゼクティブがこのような戦略的思考について学習するのに適当な本を探してみた。世の中には「経営戦略」あるいは「戦略経営」と題する本が山のように並んでいるが、理論と実務の両面から幅広いグローバルな話題を取り上げている本が、そのような目的には最適である。

『**Strategic Management**』は、米国の大学の定番教科書である。すでに八版を数え（最新版は二〇二三年刊の第一四版）、理論面で最新の研究成果をわかりやすく織り込み、企業が直面する戦略的課題を考えるにあたっての最新の概念的な枠組みを一通り学習できる。それぞれのテーマに関し、最近では多くのアジア企業の事例を取り上げ、理論的理解を補完するようにうまくできている。写真や図版も豊富で、この種のテキストとしては読みやすくバランスのとれたものとして実務家にも推奨できる、この分野の長年のベストセラー教科書である。

私は、この本の内容を高く評価し、日本の大学での英語の戦略論の授業に長年用いてきた。米国での経営学会に出席した折に、著者の一人で経営学界の重鎮であるヒット教授に会う機会があり、著者たちの本書にかけてきた努力と意気込みを聞いて本書の価値を再確認し、出版社からの要請もあり翻訳に取り組んだ。

この経験からわかったのは、翻訳には間違いはつきもので、完璧な翻訳はありえないということだった。英文では最初に主語と述語が置かれ、そのあとをコンマや関係代名詞で説明が延々と続く。原文で読んでいるときは、この流れで頭に理解しやすいのだが、これを日本語に訳すと、文章がやたら長くなり、何をいっているのかわからなくなる。文章を短く切ればいいのだが、これも日本語の表現力がないとうまくいかない。この過程で、誤訳も生じるのである。

したがって、本当に正確な内容をつかみたいなら、やはり原書を読まざるをえないのだろう。一方で、ざっと内容をつかむには、訳書のほうがよい。

『**経営戦略ケーススタディ―グローバル企業の攻防**』は、『Strategic Management』のテキスト内容を理論的なベースとして、京セラや総合商社をはじめグローバルに展開する国際企業二六社の事例を取り上げ、各社の戦略をわかりやすく解説している。著者はグローバルな商業銀行や投資会社での豊富な実務経験をもつ。その経験を背景に、これらの企業事例を通常の経営戦略の解説書で取り上げられるような断片的なケースとしてではなく、大小さまざまな環境変化にさらされ続けるかなり長期間にわたる盛衰という、経営史的な視点を入れて書き下ろしている。読み物としても面白い。

『**The Art of Strategy**』は、当初一九九一年に出版され日本でも訳書が『戦略的思考とは何か―エール大学式「ゲーム理論」の発想法』と題してベストセラーになった本の改訂版である。最初の版は、イェール大学ビジネススクールのゲーム理論の教科書で、戦略思考の原点をビジネス・映画・スポーツ・国際政治などの例を用いて解説し、当時流行したゲーム理論を用いて、ビジネスなどの場面での戦略的思考を、数式は用いず、やさしく説明した本として実務家にもてはやされた。二〇〇八年に出版されたこの新版は題名も変わり、多くの頁が新たな内容となっている。いまやゲーム理論の大家となった著者たちも当時はまだ若かったので、前著はゲーム理論を戦略的思考の「道具」と位置づけていたが、新著では戦略をアート（わざ）としてとらえ、さまざまな事例や練習問題を通じて、読者がこのようなアートを身につけるように工夫されている。大部なので、読者は第一部のゲーム理論の基礎を具体的な応用事例で解説した四つの章を読んだ後、ビジネスと関係の深い九章の「協調と協働」や一一章の「インセンティブ」の章に進むとよいだろう。

（「ＣＦＯ ＦＯＲＵＭ」二〇〇九年六月一〇日、二〇一〇年六月一〇日）

§2-08

組織の理論を学ぶ

- 『ドラッカーとオーケストラの組織論』
  山岸淳子（ＰＨＰ新書、２０１３年）
- 『Essentials of Organizational Behavior（12th Edition, Global Edition）』
  Stephen P. Robbins & Timothy A. Judge（Pearson Education, 2013）

私は二〇一三年四月から、少子化のなか、大学として生き残りをかけて改革を進める昭和女子大学に移籍した。前職の九州大学では、伝統のある地域拠点大学として理工系では世界的な研究も行われていたが、意思決定の遅い縦割りの教授会組織がまだ残り、多様な部門や多数の専門家を抱える総合大学の組織は、全体として有効に機能しているようにはみえなかった。他方、新任校は規模が小さいこともあるが、「社会の中核として働く女性人材を育てる」という全学で共有された目標に向かって、トップのリーダーシップのもとで多くの教職員が協働する（もっとも、すべての組織成員が協働するような動機づけの仕組みは、残念ながら大学には存在しない）小回りの利く柔軟な組織になっているようだ。

組織とは、複数の人が協働することにより、成果を高める仕組みである。特に専門家から構成される組織では、プロフェッショナルなリーダーシップと、個々の専門家が協働に向かう動機づけや共有する価値、コミュニケーションの場の設定が重要になる。日本では組織の問題というと、組織の形態や人事の話が中心になりがちであるが、世界では近年組織の行動に関する実証的な研究が進んでいる。グローバル化のなかで多様な働く人々の協働が求められる日本企業のエグゼクティブにとって、その最新の知見を学ぶことは有益である。

『ドラッカーとオーケストラの組織論』は、ドラッカーの非営利組織のマネジメントの議論（米国ではドラッカーは経営哲学を語る評論家と位置づけられており、経営学者とは必ずしもみなされていない）をベースに、理想的なリーダーに率いられた自発的なプロフェッショナル組織であるオーケストラがなぜ高い成果を達成するのかについて、事例をベースに分析した興味深い本だ。著者は芸大（東京藝術大学音楽学部楽理科）を出て入団した日本フィルハーモニー交響楽団のマネジメントに携わる専門家で、音楽好きのドラッカーの経営学には、オーケストラの組織論が反映されていると考える。「経営管理者はオーケストラの指導者である。そのビジョンとリーダーシップによって、単に音を出すにすぎない楽器が生きた総体としての音楽を生み出す」とドラッカーはいう。自分の考えで音楽を再構築し、どのように演奏するかという演奏のビジョンを立て、そのビジョンを演奏家に的確に伝え、共創関係でよい演奏に導くのが指揮者の役割であると、著者は述べる。そこでは、優れたコミュニケーション能力とリーダーシップが指揮者に求められる。指揮者と演奏家たちが真に一体となって素晴らしい演奏を行ったとき、聴衆にも最大の満足がもたらされることになる。ドラッカーのいうように数多くの知的専門家と専門経営者からなる現代の組織は、指揮者と演奏家の自発的な協働作業で成果を発揮するオーケストラ組織から学ぶことが多いのではなかろうか。

米国のビジネススクールでは、「Organizational Behavior（組織行動論）」が重要な必修科目となっている。その分野の優れた教科書を読むと、日本の組織についてなんとなくわかった気でいたチームワークや、組織の動機づけの問題などが、わかりやすい事例を用いてきちんと理論化されている。このようなテキストは二、三年に一度改訂され、最新の研究成果が取り入れられている。また脚注で出典論文などが明記されているので、さらに深く学びたい人は原典に当たることもできる。特にグローバル化やIT化が進むとともに多様化する組織のマネジメントについての研究が進んでおり、最新版を手にとることで新たな理論的成果を学ぶことができる。

『**Essentials of Organizational Behavior**』はコンパクトにまとまっており、組織行動論のテキストのなかでお勧めできる代表作だ。最新の一三年刊の第一二版は廉価で手に入りやすいグローバル版となっている。少し古いが、〇五年の第八版の翻訳が『組織行動のマネジメント』（髙木晴夫訳、ダイヤモンド社）として〇九年に刊行されているので、読み比べてみるのも面白いだろう（注：最新版は二二年刊の第一五版）。

（「ＣＦＯ ＦＯＲＵＭ」二〇一三年六月一〇日）

§2-09

リーダーシップと指導者の条件

- 『Leadership: Theory and Practice（6th edition）』
Peter G. Northouse（SAGE Publications, 2013）
- 『Leadership in Organizations（8th edition）』
Gary A. Yukl（Pearson Education, 2012）
- 『指導者の条件』
松下幸之助（ＰＨＰ研究所、２０１４年）

日本ではリーダーに関する本といえば、一般に、企業創業者や政府、軍隊のトップの成功や失敗談である。理論書はテキストを含め、それぞれの著者の好みの理論分野をベースにしており、その幅は狭く、取り上げられる事例も古いものが多い。大学教育でも、このような成功失敗談を経営学の授業のなかでケーススタディとして取り上げることは多いが、独立した体系的なリーダーシップ理論の教育は、まだ十分に浸透していない。

これに対して米国では、経営学、社会学、心理学などの学際的理論を取り入れたリーダーシップ研究が従来から盛んで、そこでの研究対象は必ずしも経営のトップだけではなく、マネージャーすなわち一つの組織単位を束ねる経営管理者の行動を分析し理論化している。それは実践的な内容で、ＭＢＡ教育では専門領域の一つとして確立し、将来の経営管理層予備軍に必須の学問となっている。

リーダーシップにはさまざまなかたちがあり、普通の人もさまざまな経験を経てリーダーになることができる。そのようなダイナミックな過程に関する理論を学んでおくと、日本の組織人はもっと活躍でき、総体として組織のパフォーマンスもよりよいものになるのではないだろうか。グローバル化が進む現代にあって、このような世界のスタンダードの理論を、その裏づけとなる事例とともに理解しておく必要が、否応なく高まっているのである。

そのためには米国の代表的なテキストに目を通すのが有用だ。それらは、実証研究に基づく理論を、さまざまな事例を交えてバランスよく網羅的にかつ理解しやすくまとめており、この分野に興味をもつ人々は、これらのうちの一冊を座右に置き、必要に応じて目次と索引を活用し辞書のように使うことがお勧めだ。

『Leadership: Theory and Practice』は、学部レベルの学生でもわかるようによくまとまった六版を重ねる定評のあるテキストで（最新版は第九版、二〇二一年）、歴史的に確立した理論から、最近の変革型リーダー、サーバントリーダー、女性とリーダーシップ、リーダーの倫理などについての理論と実例が過不足なく程よい分量で説明されている。各章を終えると読者のリーダー度を測る設問もあり、自学自習に向いている。

『**Leadership in Organizations**』は、『Leadership: Theory and Practice』と同様に八版を重ねるＭＢＡ級の、少し程度が高いテキストと位置づけられる（現在最新版は第九版、一九年）。ここでも、エンパワー・リーダーシップやチーム・リーダーシップ、フォロワーシップなどの最近の研究成果が反映され、理論もよりダイナミックなものに移行しており、女性リーダーや多文化環境のリーダー、リーダーの倫理などの問題の最新の研究成果が要領よく示される。英語表現も比較的わかりやすいので、どちらか一冊を手元に置き、興味がある項目に目を通していると、日ごろ組織のなかでのリーダーシップの問題に悩む皆さんに、理論に依拠した、腹に落ちるヒントを与えてくれるのではないだろうか。

さて、日本のリーダーシップに関する本であるが、大きな本屋に行くと棚一面にリーダーシップ関連の本が山ほど並んでいるが、前述の理由で教科書や概説書になりそうなものは少ない。そのなかで『**指導者の条件**』は秀逸だ。これは、松下幸之助とＰＨＰ研究所が一九七五年にまとめた、実践から生まれた指導者論である。そこに書かれていることが、米国の大学テキストに書かれている理論の多くをカバーしていることには驚かされる。幸いに手に入りやすい新書版で再刊されたので、古い話と馬鹿にしないで、米国の大学テキストとともに皆さんにぜひ目を通されることをお勧めする。

（「ＣＦＯ　ＦＯＲＵＭ」二〇一四年六月一〇日）

§2-10

リスク・ガバナンス

・『Risk Governance: Coping with Uncertainty in a Complex World』
Ortwin Renn（Routledge, 2008)
・『リスク・ガバナンス』
田尾啓一（中央経済社、2013年）

現代の企業組織は大規模化、複雑化し、大きな不確実性の環境下にある。そのような組織が想定外のリスクに遭遇したとき、組織の対応の失敗が問題を拡大させ、システム全体の危機を招く。そのような危機は低い確率でしか生じないが、いったん生じたら取り返しのつかないような重大な結果を招く。サブプライム問題が招いた世界金融危機や福島第一原発事故はその最近の事例である。グローバル化と複雑化が進む現代では、自然災害、技術事故、企業の不祥事などが複合した想定外の危機が頻発しており、これに対処する学問領域を総合した幅広い観点からのリスクの見方が重要になっている。

リスク・ガバナンス（RG）とは、一九八六年のチェルノブイリの原発事故を一つのきっかけにドイツを中心に始まり、二〇〇一年の同時多発テロを引き金に研究が活発化した、リスクを統合的にとらえる枠組みである。それは、グローバル化や技術の複雑化のなかでその範囲が広がるリスクに関し、政府やNGO、産業界、社会市民などのアクター（関係者）が相互協力をしながら、リスクの防御や対応に向けた意思決定や合意形成を集団で行う仕組みのことである。

『Risk Governance』の著者レンは、ドイツの環境社会学者で、ＲＧの理論的枠組みを最初に提唱した一人である。レンによれば、ＲＧとは自然や技術のリスクに対する意思決定プロセスのシステム的な考え方であり、社会の持続性を共通目標とするアクターたちの協調や参加に基づき、災害によりもたらされる人類や経済のコストを削減することで、より効果的なリスク管理を達成する方法である。そこでは、リスクを事前に防御し、事後に管理するための意思決定が行われる際の、市民を含む諸アクターの参加や情報の共有（リスクコミュニケーション）が重視される。また、経済の持続的発展を達成するリスクを受容し、それに伴うリスクによる負の影響を最小限にすることも考慮に入れられる。国境を越え複雑化するリスクについて、さまざまな関係当事者の利害を調整し、グローバルでシステミックなリスクの拡散をどう防ぐかが、ＲＧの大きな課題となっている。なお、レンの考え方は、〇五年に国際ＲＧ協議会（ＩＲＧＣ）が提唱した、ＲＧフレームワークの基礎になっており、ＩＲＧＣホームページから要約版が入手できる。

『リスク・ガバナンス』の著者田尾啓一は、リスク管理コンサルティングの実務経験と、リスクやコーポレート・ガバナンスに関する理論的研究成果をもとに、金融工学のような確率論的世界から複雑系の世界にパラダイムが転換した現代の企業リスクを総合的に説明できる概念を、ＲＧとして提示する。田尾は、リスク管理を持続的企業経営に向けて総合的に考える立場から、株主中心ではなくステークホルダー中心のＲＧの議論を展開する。監査社会ともいわれる現在の日本企業がリスク対策として取り組む、プロセスの標準化やコンプライアンスなどのルールやマニュアルの整備は、ＲＧの必要条件であっても十分条件ではないとして、企業組織の内面から出てくるリスク文化やリスクコミュニケーションの確立の重要性を説く。リスク文化は、不確実性全般に関する組織内外の予兆となる事態に対する組織の成員がもつ認識力や、事故が生じた後の適切なリスク対応の基盤となる。リスクコミュニケーションは、そのようなリスク文化を可能とするリスク情報の意味の共有のことである。ＲＯＥ至上主義、確率論的リスク把握やマニュアルによるリスク対応の株主価値経営が、結果として企業の持続的経営を妨げるおそれがあると著者は指摘する。本書は経営財務論をベースに企業の観点からＲＧの体系化を試みた良書である。

（「ＣＦＯ ＦＯＲＵＭ」二〇一三年九月一〇日）

§2-11

イノベーションとチーム組織

- 『なぜ日本企業は強みを捨てるのか：長期の競争ｖｓ．短期の競争』小池和男（日本経済新聞出版，２０１５年）
- 『The Innovators: How a Group of Hackers, Geniuses, and Geeks Created the Digital Revolution』Walter Isaacson (Simon & Schuster, 2014)（邦訳：井口耕二訳『イノベーターズⅠ・Ⅱ』講談社，２０１９年）

経済学者のヨーゼフ・アロイス・シュンペーターによれば，イノベーションとは創造的破壊により新製品やサービス，新生産方法をつくりだすプロセスである。経済の発展にはイノベーションが不可欠である。イノベーションの担い手を企業家（アントレプレナー）と呼び，それは独立して行動する個人あるいは組織の一員である。一般に米国では天才的な個人のアントレプレナーがイノベーションをリードしており，起業活動の低調な日本ではイノベーションが最近生まれないとよくいわれているが，それは本当であろうか。日米のイノベーションの実態を分析したこの二つの近著を読むと，実は，それが組織的なチーム活動から生まれてきているという共通点があることがよくわかる。

『仕事の経済学』で有名な小池和男は，人材形成についてさまざまな業界の現場ベースのヒアリング調査を用いて国際比較することで、優れた企業は人材を長期的視野により現場ベースで訓練する共通の特徴をもつことを実証的に明らかにしてきた。小池は八〇歳を超えた現在も精力的に持論を展開しており、最近刊の**『なぜ日本企業は強みを捨てるのか』**で、イノベーションには長期の現場の人々の働きが重要で、洋の東西を問わず長期雇用を前提とし企業の重要メンバーが互いに切磋琢磨する企業が、企業内イノベーションを起こしながら長期の競争を勝ち抜いていることを、コンビニエンストア、ソフト産業、投資銀行、自動車産業の例をあげながら論証する。

企業がイノベーションを生むのは、企業内で訓練を受け、企業に長期間に貢献する主要な従業員によるのだという一貫した主張は一定の説得力がある。最後に著者は企業が長期の競争に勝ち抜く条件として、長いスパンで会社のことを考える長期的視野をもつ従業員代表を取締役メンバーとして重視すべきであると主張する。株主主権の短期志向に陥り、イノベーションを生まなくなった日本の消費者向け電機産業と、プリウスのようなイノベーションを生み出した長期志向のトヨタのような事例をみると、著者の主張は傾聴に値する。

『The Innovators』は、「タイム」の編集長やCNNのCEOを務めた後、現在アスペン研究所CEOで『スティーブ・ジョブズ』などを著した著名な伝記作家（最近では世界同時発売の『イーロン・マスク』文藝春秋社、二〇二三年刊がある）でもあるウォルター・アイザックソンの手になる大著で、一八三〇年代の産業革命の時代にさかのぼり、現代までのコンピュータとインターネット革命をリードした旗手たちの創造と失敗の歴史を、技術的な挿話を随所に織り込みながら具体的に描いており、読み応えがある。そこでの主張は、デジタル分野のイノベーションは非連続で革命的なようにみえるが、実はそれまでのイノベーションのアイデアを発展させ拡張したものが多く、少数の奇才たちのアイデアが、広範な領域から異なる専門家を集め、協働作業を行う組織のチーム活動と結びついたときに、創造的な仕事が生まれるということになる。

本書では、大学などでの個人の発明が、軍や政府の研究所、AT&Tのベル研究所やゼロックスのパロアルト研究所（PARC）などとの長期にわたる組織的協働作業と結びついて、何人かのビジョナリーがそれをリードしてイノベーションが生まれてきたことが説明されている。ビル・ゲイツにしてもスティーブ・ジョブズにしても、そのような組織の結節点にいた技術と生産デザインの両方がわかるビジョナリーであり、デジタル革命は一人の天才による偉業ではなく、既存の発明をベースにさまざまな異なる専門家が集まってチームを組み、お互いに顔を合わせて協働作業を行うなかから生まれるという主張は、最近のシリコンバレーの動きをみるまでもなく説得的だ。

こうして二冊を読み比べると、当初はかけ離れた話に思えた小池の主張とアイザックソンの主張には、イノベーションにおいて長期的な組織メンバーのチームワークが重要であるという点で重なる部分がみえてくる。

（「CFO FORUM」二〇一五年五月一八日）

§2-12

両手効きの戦略

・『The Second Curve: Thoughts on Reinventing Society』
Charles Handy (Random House, 2015)
・『オープン&クローズ戦略―日本企業再興の条件［増補改訂版］』
小川紘一（翔泳社、２０１５年）

最近の欧米の経営学会では「両手効き」の戦略に関する研究がよくみられる。これは、一方で既存の知識を活用しそれを深めると同時に、他方で新たな知識を得てイノベーションを探索するという、経営環境の変化が激しい現代企業必須のダイナミックな戦略のことで、この活用と探索を同時に行わなければ企業は競争に敗退するとされる。たとえば§1－07でも取り上げたインテル（次世代CPUへの果敢な投資）やアマゾン（本やDVDの実物ネット通販からクラウド配信へ）の戦略はまさにこれに当たり、たとえ自社の既存ビジネスと共食いになっても新たなビジネスに素早く投資し、環境変化にダイナミックに対応している。

この「両手効き」戦略が、個人にも企業にも必須になっていることを、最近内外で評判の二冊の本を取り上げて考えてみたい。

『**The Second Curve**』は、常に働くことの意味を問い続ける、英国の経営思想家として著名なチャールズ・ハンディが、シェルの経営幹部、ロンドン・ビジネススクール教授、社会思想家とキャリアを転換してきた自身の人生を振り返りながら、個人も企業もそのピーク時に現在とは異なるキャリアや業務に投資することの必要を、「S字カーブ」の概念でわかりやすく説いている。

個人も企業も萌芽期から徐々に成長し、やがて急速に成長しピークに向かうが、ピークを過ぎると衰退に向かう。この成長曲線はS字カーブをとる。個人も組織も衰退の兆候に気づいてはじめて、次の新たなキャリアや新業務に投資しようとするが、それでは手遅れになる。現在のキャリアや業務が絶頂のうちに同時に、次のカーブとなる新たなキャリアや革新的な業務への投資をスタートさせる（まさに「両手効き」である）必要を著者は述べている。

著者は、世界の企業組織は株主中心から知識を生む従業員中心に、身動きがとれない巨大企業から俊敏な小企業組織に変革していき、そのなかで知識労働者として働く人々は満たされた人生を送ることを一九八〇年から九〇年代にかけて相次ぎ出版した経営啓蒙書で述べてきた。本書は著者が八〇歳を過ぎて、これまでの自らのキャリアと資本主義の将来に関する思考を振り返り、激しい経済環境の変化のなかで右往左往するわれわれに資本主義の将来とそこで働く人々の生き方を問いかける良書となっている。著者の主張には含蓄があり、具体例が多いこともあって読みやすいので、一度手にとって読むことをお勧めする。

『オープン&クローズ戦略』の著者は、富士通総研から東大ものづくり経営研究センター特任研究員などを経て、日本の製造業の産官学協働を通じた再生の具体的な提言を続けている。本書は、二〇一四年の初版を最近のＩｏＴの動きなども入れ昨年（一五）末に増補改訂したものだが、専門家の間で定評があるだけでなく、日本の製造業の将来に興味をもつ一般の読者にもわかりやすい良書だ。

著者は日本の製造業が、自社のコア領域（クローズド）と他社に重ねる領域（オープン）を同時に開発しながら（これも「両手効き」の戦略である）、オープンにつながる境界に知的財産権を集中することで、グローバルな競争に勝ち残ることを示している。

日本のエレクトロニクス産業は、モジュール型のオープン化が急激に進むなかで、高い技術イノベーション力をもちながらそれぞれのコア領域を守る知的財産戦略に不備があったために、自社のもつコア領域まで一気に新興国に伝播することで競争力を失ったとする。これらのコア領域はいずれも、技術イノベーションだけではなく、ビジネスの仕組みとこれを支える知的財産権や契約の組合せによって守られており、コアとなる領域の外では、国際標準化などを活用するオープン化が徹底されている。このオープンとクローズの全体を連携させて、産業構造を自社優位に構築した企業だけが競争に勝利すると主張している。

この二〇年間に急速に競争力を失った日本の製造業が、半導体やエレクトロニクスのように、実は高い技術イノベーション力をもちながら、それをグローバル化が進んだエコシステムのなかで生かすことができなかったことに対する強い危機感から、著者は豊富で具体的な企業事例により主張を展開している。

（「CFO FORUM」二〇一六年二月一五日）

§2-13

日米の企業犯罪と検察組織の特徴

- 『特捜は「巨悪」を捕らえたか：地検特捜部長の極秘メモ』宗像紀夫（ワック、２０１９年）
- 『Doing Justice: A Prosecutor's Thoughts on Crime, Punishment and the Rule of Law』Preet Bharara (Bloomsbury Publishing PLC, 2019)

ゴーン事件に代表されるような大型の企業犯罪を扱う東京地検特捜部と、主にウォール街の金融犯罪を扱うニューヨーク州南部地区連邦検事局（United States Attorney's Office for the Southern District of New York）は、大きな経済事件を摘発してきたことでわれわれにもなじみがある。とはいうものの、日米の検察組織の違いについて知らないことが多く、ましてやそこで働くエリート検事たちの思考や行動については、テレビドラマやマスコミの情報から推察するのみだ。最近になってそれぞれの組織のトップを務めた検事の回顧録が日米で相次いで出版された。これを読むと、日本の特捜部が犯罪の捜査および公判維持の双方に重点を置くのに対し、米国の連邦検事は公判活動に重点を置いているという違いがあるが、正義を追求する検事たちの思考や行動には共通点も多いことがわかる。

『**特捜は「巨悪」を捕らえたか**』の著者で、東京地検特捜部長を務めた宗像紀夫は、リクルート事件やロッキード事件を担当するなかで、時の権力とも対峙して正義を実現してきた検事である。一方で、検察権力の行き過ぎの可能性についても真摯に向かい合ってきたことが、淡々と記された本書の行間から読み取れる。

著者によれば、地検特捜部は贈収賄や脱税、企業犯罪事件を対象に日ごろからさまざまな情報に目を光らせ、独自捜査から事件の端緒をつかみ、筋を読んで証拠を固め犯罪の有無を検討する。普通の事件で刑事が行うような現場の捜査は検察事務官が行い、参考人や容疑者の聴取が検事の主な仕事になる。読み筋を間違ったり証拠が不十分であったりすれば大きな問題が起きるので、特捜部内ではチームで事案を検討し、供述をベースに証拠固めを厳密に行い、大きな事件になると検事長も入れて事案の十分な検討が行われる。このようにして、ロッキード事件やリクルート事件などで大物の立件起訴に結実したことを、著者は手元に残した捜査メモに基づき詳細に述べている。そこでの思考と行動の原理は、「巨悪は眠らせない」という強い正義感と、自白のみに依拠せず動かぬ証拠で被疑者を追及する捜査手法であったとする。

宗像が危惧するのは、最近、大阪と東京の地検特捜部が筋読みを間違えて自白による供述を重視しすぎて証拠を十分に吟味せず、結果、不起訴になったり、起訴はしても裁判で無罪となる事例が相次いでいることである。大物を摘発すれば何をやってもいいという風潮が組織内に蔓延しているのではないかという点を危惧し、時には撤退する勇気をもつことを強調している。ゴーン事件裁判のこれからを考えるのにも本書は参考になる。

もう一方の『**Doing Justice**』の著者のPreet Bhararaは、オバマ前大統領に任命されてニューヨーク州南部地区連邦検事（U.S. Attorney）を七年間務め、数々の金融犯罪の摘発等で著名な検事だが、二〇一七年三月トランプ大統領により罷免された。著者は米国連邦検事が法の精神に基づき、正義を希求する活動を具体的に描く。

米国では国家の安全保障に係る公安事件、連邦政府の汚職に係る事件、複数の州にわたる広域事件、大きな企業犯罪などが連邦事案となる。連邦事案の捜査はＦＢＩ（連邦捜査局）が中心に各地域の警察と協力して行い、連邦検事局は起訴・不起訴を決定し、裁判での連邦の訴訟代理人となる。米国の裁判はその基本に憲法にも明記された権利としての推定無罪の原則があり自白の強要から被告人を守っている。また陪審制であるので、事実を厳密に法に基づき証拠で詰めることが重要になり、自白だけが重視されることはないようだ。

著者は証拠を積み上げて犯罪を摘発し、法の正義を守ることの重要性を捜査指揮にあたった具体的事件を例に展開する。法は政治の道具ではないとして、法のルール、適正な手続、推定無罪の原則の重要性をあげ、政治権力に右往左往することなく、誠実さと強いリーダーシップで道徳的推論を重ねチームで事件の真実を追求する検事たちの姿を描いている。

（「ＣＦＯ　ＦＯＲＵＭ」二〇一九年七月一六日）

§2-14

起業家活動と組織文化

- 『No Filter: The Inside Story of How Instagram Transformed Business, Celebrity and our Culture』
Sarah Frier（Random House Business, 2020）
- 『No Rules Rules: Netflix and the Culture of Reinvention』
Reed Hastings & Erin Meyer（Penguin Press, 2020）
（邦訳：土方奈美訳『NO RULES　世界一「自由」な会社、NETFLIX』日本経済新聞出版、2020年）
- 『起業の天才！：江副浩正　8兆円企業リクルートをつくった男』
大西康之（東洋経済新報社、2021年）

時代を体現したその年の米英のベスト・ビジネス書に与えられる、「FT/McKinsey Business Book of the Year Award」を二〇二〇年度に受賞したのは、インスタグラムの独自の組織文化と巨大IT企業となった親会社フェイスブックとの葛藤を描いた『**No Filter**』であった。著者のサラ・フライアーは「ブルームバーグニュース」のサンフランシスコ支局の女性記者である。独創的で創造的な「インスタ映え」文化で若者に受け入れられた二〇一〇年創業のスタートアップSNS企業は、創業わずか二年で将来の競争相手を傘下に収めようとする巨大IT企業フェイスブック（現メタ）に一〇億ドルの巨額で買収される。インスタグラムは自立した部門としての独自性を追求するが、やがて親会社の成長第一の戦略にのみ込まれていき、独自の組織文化を維持しようと会社にとどまった二人の創業者たちも、七年後には退任に追い込まれる。著者はこの間の推移を多くの関係者のインタビューに基づき描いていて興味深い。

〇四年にマーク・ザッカーバーグらが創業したフェイスブック自体も、わずかの期間で巨大ＩＴ企業と化し、その独占的地位を守るために独創性よりは規模を拡大し、競争相手をつぶしていく組織文化に変貌していった。そのような巨大企業の文化のなかでは、起業家精神あふれるインスタグラムのような企業組織が独自性を発揮し続けるのはむずかしくなり、組織文化の衝突が起きて優秀な人材も失ってしまうことになるのが、この本を読むとよくわかる。

同じ二〇年度の「FT/McKinsey Business Book of the Year Award」の受賞は逸したが、ファイナル・リストの一つに残っていたのが、短期間で映像制作ネット配信の世界的なリーダーに成長したネットフリックスの、独自の組織文化による成功要因を探った『**No Rules Rules**』である。本書は、同社創業者のリード・ヘイスティングスと、欧州の名門ビジネススクールＩＮＳＥＡＤの異文化経営専門の女性教授エリン・メイヤーの共著である。自ら組織文化を築いた創業者の主観と、二〇〇人以上の従業員にインタビューした研究者の客観的な分析によって、細かいルールをつくらず従業員の自主性を重視し、やめてほしい従業員には高額の退職金を支払い、優秀な従業員の力を引き出して急成長した同社の組織文化の秘密を明らかにしている。

一九九七年にカリフォルニアで創業したＤＶＤを郵送する貸しビデオ屋が、インターネット技術の発達に乗ってネット映像配信企業に転換、いまでは膨大な制作費を投入してオスカーを狙うような自社コンテンツを制作し世界中に展開する大企業に成長した。そのネットフリックスの常識外れの組織文化を本書は読者に明らかにしている。米国で出版後すぐに日本でも翻訳書が出たが、オリジナルの英語版も読みやすい。

次に日本で今年になり出版されたベストセラーのビジネス書をみてみよう。「日本経済新聞」の記者から独立して起業家たちの伝記を出版し続ける著者が書いた『**起業の天才！**』は、リクルートの創業者、江副浩正について、独自の組織文化を追求した情報産業の起業の天才として描いている。東大生のときに学生就職情報誌を起業した江副は、時代に先駆けてビッグデータの重要性を理解していた。必要な情報と個人とを直接結び情報格差を縮めていくノウハウを、学生の就職情報から転職を含む総合的な人材情報、マンションなどの住宅情報、旅行情報と展開し、紙の媒体からクラウドのような電子媒体へと情報伝達の仕組みが転換していくことも理解していたとする。江副がつくり上げた、失敗を恐れず新たなアイデアに取り組み、優秀な人材の自主性に任せていく組織文化は、現在のリクルートホールディングスにも引き継がれている。リクルート事件で挫折しなければ、江副のリクルート社が日本のＧＡＦＡ（米国の情報技術企業大手グーグル、アップル、フェイスブック（現メタ）、アマゾンの頭文字をつないだ語）になっていたかもしれないという自説を著者は展開している。

組織文化は「企業内で共有され、そのビジネス展開に影響を与える、イデオロギー、シンボル、コアとなる価値の複雑な組み合わせで、組織を動かすエネルギーとなり、模倣が難しいので、企業の競争優位の源泉となる」（久原正治ほか訳『戦略経営論』センゲージラーニング、２０１４年）。そして、その組織文化によって、企業のリーダーたちが企業家（アントレプレナー）として活躍することを促される。しかし、同時に組織文化は、組織を取り巻く社会制度や環境から大きな影響を受ける。
インスタグラムやネットフリックスの独自の組織文化の背後にある失敗をいとわずゼロからの挑戦を敬う米国の企業環境と、成功者をねたみ他と異なるものや多様性を排除する最近までの日本の企業環境の違いを考えたときに、世に先駆けた起業の天才、江副の挫折は、ある意味で必然であったのかもしれない。

（「ＣＦＯ ＦＯＲＵＭ」二〇二一年三月一五日）

Cinema②

警察組織のダイナミズム

- 『BOSCH／ボッシュ』（原題：Bosch）２０１５―２０２１年、Amazonオリジナル・シリーズ7シーズン、68話
- 『踊る大捜査線 THE MOVIE』１９９８年、監督：本広克行

警察を描くドラマは日米のエンターテインメントの一つの大きなジャンルになっているが、これらの作品を組織の観点から見比べると面白い。犯罪の解決と市民の安全確保という組織ミッションは共通だが、組織のかたちや文化、リーダーシップのあり方がかなり異なっている

ことがよくわかる。

『ダーティハリー』や『デパーテッド』など米国の代表的な警察ドラマの共通するテーマは、組織から自立した一匹狼刑事の活躍と組織との確執である。米国の警察は分権化された自治体警察で、組織構成員がそれぞれの階級や専門に応じ分業して事件に取り組む。より複雑な事件には、さまざまな部署から人材と資源を集中し、命令を一元化して捜査にあたる。しかし、そこで組織を支える個人は、自立した個人であり、組織内の対立は日常的で、現場の刑事たちが上層部と意見があわず組織から離脱することもままある。

Amazon Prime Video制作配信の最長寿作品で、二〇一五年から七シーズン続き、二一年六月に最終回を迎えた『**BOSCH／ボッシュ**』は警察ドラマの傑作だ。優れた原作とこれを翻案したよくできた脚本、ハリウッド署という格好の舞台、一匹狼の主人公ボッシュ刑事のクールな演技と脇を固める個性的な俳優たち、スタイリッシュな映像とモダンジャズ音楽の融合など、その見どころをあげるときりがない。

ロサンジェルス市警察（LAPD）ウエスト管区ハリウッド分署殺人課に所属する一匹狼の優秀な刑事ボッシュは、信頼で結ばれた仲間や上司と大きな事件を解決していくが、組織的行動になじまない面があり、上層部との対立を常に抱えている。組織トップの本部長は、たたき上げで出世した警察幹部のなかから市長が委員長を務める警察委員会が指名するので、そこでは政治的腐敗や出世争いが日常である。分署内には人種も性別も多様で個性豊かな刑事や警官たちがいて、それぞれが独立して捜査を行い、互いに手柄の取り合い、足の引っ張り合いをしている。そのなかで成果をあげるには、個人的につながった同僚や上司との信頼関係が頼りである。捜査に失敗すれば、組織は非情であり、組織に対する信頼や忠誠の度合いは日本と比べると小さい。

これに対して、日本の警察は中央集権組織であり、警察庁や警視庁のキャリア幹部が要職を固め、現場の警察署長は普通ノンキャリアのたたき上げが務めている。大きな事件では、中央の幹部の指揮のもとで現場の所轄の署員は手足として働く。現場ではチームプレーが重視され、警察仲間の共感と信頼がベースにある。

片や日本の警察ドラマの古典ともいえるのが**『踊る大捜査線THE MOVIE』**である。これは後にフジテレビの社長を務めた亀山千広がプロデューサーとして組織論を学び制作したとされ、組織論の教材ともいえる。

このドラマの一貫したテーマは、優秀な現場が信頼できるリーダーと共感しながらチームワークで事件を解決していくことにある。そこでは、現場所轄署と本部警察庁の対立構図が描かれる。背景には、ノンキャリアが中心の現場とスピード出世するキャリア中心の本部の官僚の組織行動の違いがある。本部では責任を明確にし、会議を中心に集団で意思決定を行う。現場では複雑な事件に直面して、足を使ってチームで事件を解決しようとする。映画のなかで主人公の所轄署刑事が本庁の会議室で延々と逮捕に踏み切るかどうかの協議を続けるエリートのお偉方にいら立って叫ぶ「事件は会議室で起きているんじゃない。現場で起きているんだ」のセリフは有名だ。

しかし、最後は現場を信頼する本部のエリートが、現場とのチームワークで事件を解決する。サーバントリーダーの登場だ。上から目線でリーダーシップを発揮するのではなく、現場の警察官に共感しながらリーダーシップを発揮していくキャリア幹部が、現場のノンキャリア警官たちの信頼を集める。ベテラン刑事が同僚の若いキャリアに話したという「俺は現場で頑張る、お前は上に行って偉くなれ。俺たち現場が正しいことができるために」というセリフも有名だ。高いスキルと情熱をもつ現場の人々のチームワークと、現場を知る本部のリーダーの共感的マネジメントがあって、日本の警察組織が力を発揮できることをこの映画は示している。

最後に、日米の警察ドラマを比較して気がつく点が二つある。一つは日本の警察は米国と比べて中間管理職が多く、組織効率が悪いことである。もう一つは、『BOSCH／ボッシュ』では毎回警察組織の人々の私生活が描かれ、大事件の渦中で公私のバランスをとり家族関係をどうマネージするかにも触れられている。一方、『踊る大捜査線THE MOVIE』では、多忙な警官たちの私生活は物語にはいっさい出てこない。日本の警察官は生活のすべてを仕事に捧げているのだろうか。

（「CFO FORUM」二〇二一年九月一五日）

コメント

第二章のテーマは、経営学とりわけ経営戦略と組織行動の概念に関する基礎知識が、ビジネスエグゼクティブにとり必要だということにある。米国においては経営の重要な概念が標準的なテキストにまとめられ、MBAなどのビジネス教育が普及している。日本はこれらの米国発の概念を表面だけ取り入れることで、もともと日本企業がもつ強みを壊していった可能性がある。

日本企業の強みは、経営とそれを支える組織が一体化したところにある。藤本隆宏東京大学名誉教授の「モノづくりの組織能力」や、伊丹敬之一橋大学名誉教授の「場のマネジメント」で概念化されているように、日本の製造業は現場の強みを背景に一時は世界をリードした。しかし一九九〇年代以降、経済のグローバリゼーションが進むなかで、長期雇用や年功序列などのチームワークを深め現場での知識を進化させる日本の大企業の雇用慣行は、優秀な人材を衰退産業から新たな産業に移すような人材の流動化を妨げる方向に働いた。半導体やエレクトロニクスの分野では、日本企業は実は高い技術競争力をもちながら、トップ層に戦略構想力がなく、その実力をグローバル化が進んだオープンな企業間システムのなかで生かすことができなかった。

最近出版された岩尾俊兵慶應義塾大学准教授の『**日本企業はなぜ「強み」を捨てるのか　増補改訂版**』（光文社新書、二〇二三年）によれば、米国発の経営用語、たとえば「両利きの経営」や「リーンプロダクション」等は、実はその一部は日本企業の組織や戦略の特徴を米国の経営学者やコンサルタントが概念化したもので、日本企業はこれを表層だけとらえて米国発の進んだ経営コンセプトとして逆輸入して、かえって経営に混乱を招いているとする。日本の製造業は世界をリードする経営の技術をもつが、その概念化に弱いために、グローバル化が進むなかで日本企業がその強みを生かせていないことを岩尾は指摘している。

組織のリーダーの行動についても、米国では概念化が進んでいる。本書をまとめているいま、世界ではロシアによるウクライナ侵攻、イスラエルのガザ侵攻による混乱が深まっている。これらの背後には、一般にリーダー（プーチンやネタニヤフ）の感情に支配された非合理な意思決定があるといわれるが、米国の著名な政治学者ジョン・ミアシャイマーとウェンデル・ハンソンの新刊話題作『**How States Think: The Rationality of Foreign Policy**』（Yale University Press, 2023）の分析によれば、世界のリーダーが「現実的な過程」「説得力のある因果論理」「証拠の裏付け」によって合理的な意思決定を行った結果、国家が愚かにみえる決定を行うに至っているとされる。同じことは企業のリーダーの行動にもいえる。

企業の盛衰は激しい。世界の株式時価総額ランキングをみてみよう。日本経済が絶頂だった一九八九年には、トップ五〇社中三二社を銀行、電機、電力、鉄鋼などの伝統的日本の大企業が独占し、米国の一五社を凌駕していた。しかしバブル崩壊後の二〇〇〇年には、マイクロソフト、シスコシステムズなどの米国のＩＴ通信企業が伸び、五〇位内にランク入りした日本企業は、ＮＴＴドコモ、ＮＴＴ、トヨタ、ソニー、ソフトバンクの五社だけとなった。その後も日本の大企業は衰退を続け、二〇二三年になると、ＧＡＦＡやテスラといったオープンなネットワークで新たなビジネスモデルに挑む米国の新興企業がトップランクを占め、トップ五〇社に米国企業が三二社、中国企業が五社入っているのに対し、日本企業は皆無で、トヨタがようやく五二位に入るだけになった。

現在ランキング上位を占める新興企業の将来も安泰ではない。イーロン・マスク率いるテスラはまったくゼロからＥＶで自動車産業に進出し、いまではトヨタの時価総額を抜き業界地図を一変させた。バイデン政権はＥＶの普及に力を入れるが、既存のデトロイトの自動車産業をどうするのか判断に迫られている。ＥＶ化に乗り遅れている日本の自動車産業は電機産業と同様に衰退するのか、あるいは新たな道を開くのか、現時点でそれを予測することはむずかしい。自動車の環境規制で世界をリードし、ＥＶの普及を推進してきた欧州では、二三年に入り規制を見直す動きがある。その背景には中国の自動車メーカー進出の脅威に対する警戒や、安価な車を求める国民の動向などが絡んでいるといわれる。

ＡＩやビッグデータの分野でも、欧米では政府によるＧＡＦＡの国境を超えた活動に対する締めつけが強化され、特に競争政策の観点からの提訴の動きが広がる。生成ＡＩなどの最先端技術が人類の将来に新たな選択肢を与える一方で、国家や一部の企業がデータを独占し思想統制を助ける道具ともなるリスクを未然に防ぐため、先進国間では先端ＡＩ分野でのガバナンスが大きなテーマとなっている。日本は先端ＡＩの分野で欧米、中国、インドの後塵を拝しているだけでなく、ＡＩガバナンスの面でも後れている。

私は日本における「経営学」が、経験談に基づく成功や失敗の体験の記述に偏っているのではないかと懸念している。「経営学」はサイエンスであり、データに基づく事象の概念化である。日本企業に働くビジネスエグゼクティブは、「経営戦略論」「組織行動論」「リーダーシップ論」などの国際的に一般化された米国発の概念をＭＢＡのテキストなどで学ぶとともに、日本企業の強みである現場力やチームによりイノベーションを生む力を自ら概念化して見直すことで、世界の産業を取り巻く技術革新などの環境変化をフォローし、最先端半導体、ＥＶ、自動運転の分野でも日本企業の強みを生かせるような独自のイノベーションを追求していく必要がある。

第3章

二一世紀の金融
——繰り返される革新・暴走・規制

§3-01

破局を繰り返す金融革新と金融機関行動の定型パターン

- 『Origins of the Crash: The Great Bubble and its Undoing』Roger Lowenstein（The Penguin Press, 2004）
- 『Infectious Greed: How Deceit and Risk Corrupted the Financial Markets』Frank Partnoy（Times Books, 2003）
- 『デリバティブの落とし穴—破局に学ぶリスクマネジメント』可児滋（日本経済新聞社、２００４年）

金融の破局には繰り返されるパターンがある。金融イノベーションの進展とともに、金融仲介者の業務は拡大しかつ多角化し、そこでの利益の大きさは貪欲な革新者を惹きつける。情報技術の発達は金融取引の仮想空間化を促し、現実の経済取引とは遊離した活況が続く。次々と生み出される金融新商品が経済のバブルとともに急成長する。しかし、景気の転換局面でそれまで隠れていた綻びが表面化し、やがてさまざまな問題が露呈する。そこで当局は行き過ぎを防止するための規制強化を図るが、景気の回復とともに以前の失敗を知らない新たなプレーヤーが市場に登場し、規制を潜り抜け莫大な富をもたらす新たな金融の仕組みを開発する。かくして、その絶頂期には金融イノベーターとしてもてはやされていたジャンク債の帝王マイケル・ミルケン、債券金利裁定の王者ジョン・メリウェザー、エンロンのジェフリー・スキリングは、市場の破局とともに一転、強欲の塊として批判にさらされ、大衆の怨嗟の生贄とされるパターンが繰り返される。

成功と破局が紙一重の現代の金融イノベーションの本質を考えた場合、金融専門家だけではなくコーポレートエグゼクティブにとっても、その破局に至るリスクと市場参加者の行動パターンを歴史的視点からとらえておくことは有益であろう。

『**Origins of the Crash**』は、金融ノンフィクションで練達の元「ウォールストリート・ジャーナル」記者が、一九九〇年代のＩＴバブルとその破裂、それに続くエンロンなどの企業不祥事の背景を歴史的観点から解き明かす。著者は九〇年代の米国市場を支配するのは八〇年代から積み重ね上げられた株式文化（エクイティ・カルチャー）であったとし、九〇年代後半には米国はこれまでの歴史ではみられないほどの株式文化を基盤とする市場原理主義に支配されることになったとする。そのような株式文化は、七〇年代の米国企業経営の非効率是正を目的としたＬＢＯをはじめとする新金融手段を用いた株主復権の動きに始まった。所有と経営の利害の一致を目指した株式オプションの付与の一般化で、事業の成果よりも株価の上下に一喜一憂する企業経営者を生み出すことになる。そこではベンチャーキャピタリストやＩＴ株アナリスト、ニューエコノミーを礼賛するジャーナリストなどが、米国経済を株式文化の絶頂から破局へと導いていく、本書ではその活躍の織り成すもようが語られている。

『**Infectious Greed**』は、この間の金融市場で破局をもたらした個々の金融プレーヤーの貪欲ぶりについて具体的に描く。ソロモン・ブラザーズの債券裁定取引軍団の無法振りに始まり、エンロンやワールドコムの不法取引にみられる米国経済を危機にさらすまでになった金融の新商品や仕組みのリスクについて、読者に注意を喚起する。

著者は投資銀行に入社し、そこでのプレーヤーたちの貪欲ぶりを『FIASCO』（邦題『大破局』）と題するベストセラーに著した後、現在はサンディエゴ大学ロースクール教授に転身し金融犯罪や倫理について研究している。『Origins of the Crash』と併読すると面白い。

『デリバティブの落とし穴』は、金融リスク管理のプロとして経験豊富な著者が金融派生商品のリスクについて、ベアリングス銀行、ＬＴＣＭ、エンロンなどのケーススタディのかたちで要領よくまとめている。複雑な取引もわかりやすく解説され、リスクに興味をもつすべての経営幹部にお薦めしたい。金融取引の破局の歴史は繰り返され、その問題の本質はそこに参加する人々の貪欲と単純なリスク管理の不備に帰するのである。

（「ＣＦＯ ＦＯＲＵＭ」二〇〇四年九月一〇日）

§3-02

貪欲な商人
——投資銀行の内幕

- 『The Greed Merchants: How the Investment Banks Played the Free Market Game』
  Philip Augar（Portfolio, 2005）
- 『Deals From Hell: M&A Lessons That Rise Above The Ashes』
  Robert F. Bruner（John Wiley & Sons, 2005）
- 『新しい金融のフレームワーク—経営ビジョンと規制の再構築』
  栗原脩（中央公論事業出版、２００５年）

二〇年以上も英国の投資銀行幹部を勤めた著者は、『**The Greed Merchants**』で自らの経験と当事者のインタビューを中心に、投資銀行の実態を明らかにしようとした。その問題意識は、少数の投資銀行による市場独占の可能性はないのか、提供するサービスの対価としては過剰すぎる利益を得ているのではないか、業務の目的が貪欲の充足にあり市場の効率化には寄与していないのではないか、といった点にある。投資銀行が金融市場における専門的情報生産者として市場の効率化に一定の寄与をしていることが確認される一方で、市場の変動に連動してその経営の浮沈が激しく、過剰な利益追求の傾向が非常に強いことが指摘される。そこでは、バイサイドとセルサイドの両業務にわたる情報の優位性をテコに、利益相反取引規制の網をかいくぐって短期的利益の追求に走らせる強いインセンティブをもつ投資銀行の組織の実態が明らかにされる。このような貪欲な商人の行き過ぎを抑えるためには、エゴの塊のプロ集団の組織を束ね、目指すべき企業文化や高い水準の規律に導く投資銀行トップのリーダーシップの重要性が指摘される。また、企業経営者側の規律の必要にも触れる。短期的な株価の上昇を狙う貪欲な企業経営者は、一流の投資銀行が持ち込むM＆A案件に十分な検討もなく、法外な仲介手数料に疑いを挟むこともなく、飛びついてしまう。その結果、企業の長期的戦略に適合しないM＆Aが多発する。一流の投資銀行がなぜ行き過ぎてしまうのか、本書はさまざまなエピソードを交えながらその内幕を明らかにしている。

『**Deals From Hell**』は、この分野の第一人者による米国のM＆Aの成功や失敗に関する実証研究である。一九八〇年代以降、米国市場で活発化したM＆Aは、非効率な企業経営者を律する、市場を通したガバナンスの有力な手段になったといわれる。著者はまず既存の研究をレビューし、米国のM＆Aが売り手だけでなく買い手側にも一般に企業価値を向上させる効果をもたらしていると評価したうえで、現実のM＆Aは個々にさまざまな特徴があり、大きく成功するケースもあれば失敗するケースも多いとする。次にAOL・タイムワーナーのような代表的なM＆Aの失敗事例を詳細に分析し、そこに共通する失敗要因を明らかにする。その知見をベースにM＆Aで失敗を避けるための教訓を導く。買い手側の戦略的なミスにより利益の出ない企業やコアビジネスと関連のない企業を買収した場合や、企業統合の組織設計が企業の実情に適合しない場合、統合過程でのガバナンスやインセンティブの仕組みに問題があるような場合を、共通する失敗の要因として指摘する。

米国ではこのように、学者や実務家が現実の問題について実証研究を行い、その蓄積のうえに制度設計や規制などの政策議論が行われる。日本ではそのような実証研究が不十分なまま、米国で導入された制度や規制を無批判に採用するケースが多い。これまで培われた金融環境や組織、取引慣行に適合するかどうかなどはおかまいなしである。日本でも市場型間接金融の展開のために投資銀行を育成する議論が行われているが、米国のように貪欲な商人が支配する市場にしてよいのかどうか、じっくり考える必要がある。

『新しい金融のフレームワーク』は、日本興業銀行で長年証券業務の実務と企画に従事し、興銀証券を立ち上げた著者が、日本的な市場金融の歴史と長短、日米の市場の相違を整理したうえで、日本の金融制度のあり方について地道な議論をしている貴重な論集である。

（「ＣＦＯ ＦＯＲＵＭ」二〇〇五年一二月一〇日）

§3-03

投資銀行モデルの終焉

・『Investment Banking: Institutions, Politics and Law』Alan D. Morrison and William J. Wilhelm Jr.（Oxford University Press, 2007）
・『金融イノベーター群像』久原正治（シグマベイスキャピタル、1999年）

サブプライム危機は、二〇〇八年九月一五日のリーマン・ブラザーズの破綻を契機に、世界の金融仲介機能が麻痺する予想外の展開となった。ついこの前まで高収益で隆盛を誇り、日本のメガバンクが手本としていた米国の投資銀行モデルは終焉を迎えたといわれている。はたしてそうなのだろうか。

邦銀が米国市場において事業展開を図り始めた一九八〇年代初め、ゴールドマン・サックスやモルガン・スタンレーは一〇〇人程度のパートナーと数千人の従業員から構成される小さな有限責任のパートナー組織であった。当時霞が関ビルにあったゴールドマン・サックスの東京オフィスは駐在員二、三人の小所帯で、邦銀に投資案件を紹介したり、日本企業の資金調達を本社に取り次いだりする事務所にすぎなかった。これが現在では東京だけでも数千人、世界で数万人の従業員を抱え、資本勘定は当時の二〇倍程度になった。

投資銀行は企業の資金調達やM＆Aのアドバイス業務から、利益の大きな自己トレーディングや投資部門に業務の重点を移すことで、八〇年代後半から業容を急拡大し、多額の資金調達のため株式公開を行う。その資本力をベースにデリバティブを多用してレバレッジをきかせることで、大きなリスクテイクに走った。その結果、サブプライム問題に端を発する流動性危機から、その多くが経営に行き詰まり、投資銀行モデルの終焉がいわれるようになった。

しかし、資本市場を通じて複雑な資源の配分問題を解決する、投資銀行の本来の機能に対する需要はなくなることはないであろう。現在のような危機のもとでこそ、このような投資銀行の本来の機能とその歴史を振り返ることが重要になる。

『Investment Banking』は、オックスフォード大学で教鞭をとる著者たちが、実体経済活動に付加価値をもたらす産業金融の担い手としての投資銀行について歴史的に分析した好著である。投資銀行の機能を企業と投資家を結ぶ企業情報の結節点として位置づける。巨大化しすぎた金融コングロマリットではなく、長期的な人的関係により蓄積された暗黙知と複雑な情報処理能力をもつ、小規模でパートナーシップ型の専門アドバイザーの重要性を強調する。その誕生以来の歴史を振り返りながら、投資銀行がレバレッジ資本ではなく人的資本に依拠した本来の姿に戻り実物経済のイノベーションに貢献することに言及している。

ここで私の古い本を引用することを許されたい。**『金融イノベーター群像』**で一〇年前（九九年）、私は米国の金融資本主義が過剰な利益追求原理により、興隆と破綻を繰り返しており、その成功と失敗は紙一重であるが、その破壊的創造から金融イノベーションが生まれてきたことを明らかにした。このなかで当時興隆したサブプライム金融業者のイノベーションについても日本に初めて紹介し、その負の側面としての利益追求の行き過ぎと管理の不備を指摘したわけだが、まさかその一〇年後にそれが世界の金融危機の震源地になるとは夢にも思っていなかった。
これまでの金融危機のときと同様に今回も、大手投資銀行からスピンアウトした人材が新たな金融ブティークを興し、そこから金融のイノベーションが生じてくることは間違いない。今回はそれが、従来のように金融機関それ自体の利益追求のためのものになるのではなく、実体経済の資金配分を効率化するという本来の金融の役割に資するものになろう。そこでは伝統的な投資銀行のような人的資源を競争のベースとする評判と信頼の組織の再構築が何よりも重要になるのだ。

（「ＣＦＯ ＦＯＲＵＭ」二〇〇八年一二月一〇日）

§3-04

金融イノベーションの設計図に潜む危機の芽

- 『A Demon of Our Own Design: Markets, Hedge Funds, and the Perils of Financial Innovation』
Richard M. Bookstaber（John Wiley & Sons, 2007）
- 『サブプライム問題の教訓―証券化と格付けの精神』
江川由紀雄（商事法務、２００７年）

二〇〇七年夏に表面化したサブプライム問題は、国際金融の危機にまで発展している。いたずらに表面の出来事を追うのではなく、じっくりと原理原則に戻ってこの問題の本質を考える時期にきているようだ。

『A Demon of Our Own Design』は、まだサブプライム問題が騒がれる前の昨年前半に発売されている。同書では先端金融商品のリスクの本質の問題が明快に説かれ、今回の問題とその後の展開を予測していたかのような内容になっている。著者はマサチューセッツ工科大学でファイナンスの博士号をとり、教職から一九八〇年代にソロモン・ブラザーズのリスクマネージャーとして引き抜かれ、同社のリスク管理責任者を務めた。その後モルガン・スタンレーから複数の大手ヘッジファンドを渡り歩くなかで、一貫して最先端の複雑な金融商品のトレーディングとリスク管理を担当してきたプロ中のプロといってよい人物だ。

その題名が示すとおり、著者は金融イノベーションの設計それ自体に金融危機を導く仕組みが内在されていることを、八七年のブラック・マンデーと九七年のLTCM危機からアジア金融危機を通じ、現在に至る金融危機のケースを取り上げて理論的に分析する。金融危機の端緒は、本来リスクをヘッジするはずのデリバティブなどの革新的な金融商品が複雑化（Complexity）しすぎ、一つの商品の問題が非線形（Non-linear）で予期せぬ方向に伝播することで始まる。それが市場の固い連結（Tight coupling）により途中で制御できず、破局につながっていくとする。

ブラック・マンデーでは、株価の下落をヘッジするはずのポートフォリオ・インシュアランスが、逆に際限ない株価の下落を招いてしまった。LTCM問題では、本来両建てでヘッジしていたはずのポジションが、レバレッジのかけすぎと、流動性の欠如する特殊な仕組商品にも取引を広げたため、ロシア危機勃発とともに際限ないポジション処分とその価格下落の悪循環に巻き込まれ、ファンドは破綻した。サブプライム問題も同様に、幾層にもまたがる証券化や、リターンをあげるための投資ファンドの高いレバレッジが、売りが売りを呼ぶかたちでさまざまな流動性の低い金融商品価格の急激な低下を呼び、多くのストラクチャード・インベストメント・ビークル（SIV）やファンドの破綻を通じ、想定外の金融市場全体を巻き込む危機の連鎖につながった。

著者は、工学の進歩がさまざまな分野で安全性を高めていったのに対し、金融工学の進歩が逆に安全性を低下させている現状を問題視する。このような問題の解決策は、革新的な金融商品をよりわかりやすく簡潔化することと、レバレッジを引き下げることしかないと考えているようだ。本書には実務的に非常に役に立つ示唆が満載されており、先端金融業務に従事するものにとり必読書である。

『サブプライム問題の教訓』の著者は、わが国で長く証券化と格付の実務に携わってきた。証券化取引では業務の細分化を通じて取引関係者にモラルハザードを生じさせる問題を指摘する。また、格付が過去のデータに依存し突発的事態への想像力を欠くため、適正なリスク情報を反映しえないことから、その信頼性に問題があるとする。この業界では、「一〇年に一度の金融危機」を経験した責任者はやがて業界を去るため、過去の教訓が生きたかたちで継承されていない。しかし、証券化自体の善悪を議論することは意味のない議論で、市場参加者の良識、的確な情報開示、目利きと自己責任によるリスク管理、などを磨くことによって、このような問題が生じるのを防げることを著者は示唆している。

（「ＣＦＯ ＦＯＲＵＭ」二〇〇八年三月一〇日）

§3-05

世界的金融危機を引き起こしたのは誰だったのか

- 『Financial Shock: A 360 degree Look at the Subprime Mortgage Implosion, and How to Avoid the Next Financial Crisis』
  Mark Zandi（FT Press, 2008）
- 『Chain of Blame: How Wall Street Caused the Mortgage and Credit Crisis』
  Paul Muolo & Mathew Padilla（John Wiley & Sons, 2008）

二〇〇八年の夏も七月下旬からシカゴの下町で、社会人相手に授業をしながら米国経済の様子を観察している。例年と変わりなくミシガン通りは近郊や欧州からの買い物客で賑わい、街中ではトランプ・タワーをはじめ超高層の何棟もの大型オフィスビルの建設が続いている。表面的にはサブプライム問題やインフレの懸念などどこ吹く風といった感じだ。ところが金融の専門家に聞くと、今回の問題は従来とは性質の違うかなり深刻な問題のようだ。それは住宅金融という米国の金融の根幹の分野で問題が起き、市場が複雑化しすぎ問題がどこに波及するかわからないために、政府が金融機関救済という議論の多い行動に乗り出した。これは金融市場だけではなく、米国の経済構造全体に長引く容易に解決できない問題をもたらすというのがこの専門家の意見だ。

私の授業を受ける一六人の社会人学生に問題の責任は誰にあると思うか尋ねてみた。すると、第一に責任があるのは自己利益追求のため野放図にローンを売りまくったオリジネーターで、これに資金提供したり証券化を行ったりした金融機関もまた利益追求に走り、必要なリスクコントロールの手立てがされなかったとする。そのうえで、今回の問題は金融危機と呼べるもので、従来の問題のように一年ぐらいでメドが立つものではなく、解決には二、三年かかるという意見が多数を占めた。大勢の意見としては、このような問題の再発を防ぐには、金融機関に長期的な視点に立つ自己規律が最も必要だとする。二名がこのような問題の発生は短期視野の米国の金融にとり不可避のもので周期的に生じざるをえないとしていたのは印象的だった。

米国ではこのような金融や経済の問題が生じるたびに、わかりやすい問題全体の解説本と、そこで悪意の行動をとった人々の実態を調査報道の手法で明らかにする内幕ものの本が刊行される。今回それぞれの代表的なものを探してみた。

『**Financial Shock**』は、格付機関ムーディーズ子会社で主任エコノミストを務める著者が、なぜサブプライム問題が生じ、それがグローバルな金融危機に拡大したかについて、モーゲージ証券の仕組みや住宅ローン市場の現状に即して統計資料を駆使し分かりやすく解説する。米国で周期的に生じる金融バブルとその破綻の要因は、複雑化した金融技術の発達と債務過多の経済にあるとし、次に起きる危機は米国政府の債務危機であることを警告している。今回の問題の全体像を理解するのによい本だ。

『**Chain of Blame**』は、住宅ローンの専門誌記者とサブプライム問題の影響が最も大きかった南カリフォルニアの地方紙記者が、問題を引き起こした業界関係者に密着取材した業界の内幕物だ。問題の主人公は、〇〇年代に入りサブプライム業者として瞬く間に成功し凋落したモーゲージバンクの経営者や、ベア・スターンズ、メリルリンチの投資銀行家やモーゲージ証券トレーダーたち、脇役はFannie MaeのCEOを含むさまざまな業界の貪欲なプレーヤーたちだ。彼らは皆仲間でつながっている狭い世界だ。自己利益の追求のために無知な借り手を騙し、法の抜け穴をくぐって高利益の金融商品を工夫し、業界ぐるみで危機へ突っ走ってしまった米国の金融界のプレーヤーたちの具体的な話は実に面白い。一九八〇年代のインサイダー取引やジャンク債の帝王マイケル・ミルケンの疑惑を思い出すまでもなく、ウォール街の業界ぐるみの短期視野と過剰な利益追求は構造的な問題だ。

（「CFO FORUM」二〇〇八年九月一〇日）

§3-06

現代金融理論はなぜ危機を見通せなかったのか

- 『The Myth of the Rational Market: A History of Risk, Reward, and Delusion on Wall Street』
  Justin Fox（Harper Business, 2009）
- 『The Sages: Warren Buffett, George Soros, Paul Volcker, and the Maelstrom of Markets』
  Charles R. Morris（Public Affairs, 2009）
  （邦訳：有賀裕子訳『世界経済の三賢人：バフェット、ソロス、ボルカー』日本経済新聞出版、２０１０年）

この（二〇〇九年）夏もシカゴの夜間ビジネススクールで教えている。大恐慌期に銀行強盗と失業者であふれたこの暗黒都市は、いまやサービスやＩＴに多角化した近代都市となり、失業率も全国平均より低く、表面的には一年前のリーマンショックに始まる金融危機のさなかにあるようにはみえない。ビジネススクールは不況期には学生が増える。私の授業も例年より多い二〇名が受講している。米国の資本主義の回復に希望をもち、次のチャンスでのキャリアアップの可能性を語る彼らの学ぶ態度は前向きだ。

金融学科の同僚に聞いても、金融市場の再生を信じる意気込みが伝わってくる。社会主義的な政府の介入は米国の資本主義の本質から外れ、納税者に負担をしわ寄せするとして、不人気の政策となる。市場参加者の行き過ぎた行動を抑える規制強化や、過剰なリスクテイクをもたらす報酬の仕組みの見直しは進むが、現在の金融機関国有化のような事態から早く出口を求めなければいけないということで意見は一致しているようだ。学校の行き帰りに本屋をのぞくと、金融危機関係の本がベストセラーになっている。一つはリーマン・ブラザーズやベア・スターンズの経営破綻の実話ものだ。エンロンのときのような大企業の不正に対する強い批判の姿勢は少なく、この二社を時代の犠牲ととらえ、従業員がいかに最後まで頑張ったかという話が多い。多額の報酬を受け取っていた強欲なトレーダーたちの反省のない話を読まされるのはあまり面白いことではない。もう一つは、このような金融危機に至る市場の実態を見抜けず、危機への対応策も十分に見出せない現代経済学や金融理論への批判の書である。今回はこちらの代表的な二冊を紹介したい。

『The Myth of the Rational Market』は「タイム」の経済コラム執筆者が、現代金融理論の歴史について、大恐慌時のアービング・フィッシャーの金融理論から、ハリー・マルコウィッツなどの効率市場仮説に始まり、ロバート・シラーなどの行動経済学的観点からこれを批判する陣営に至るまで、時系列で取り上げ、さまざまな逸話に触れながら金融理論の発展をわかりやすく整理した良書だ。ケネス・アロー、ポール・サミュエルソンやミルトン・フリードマンなどの理論経済学者と、マートン・ミラーやロバート・マートンなどのポートフォリオ理論を発展させてきたファイナンス学者のさまざまな交流関係なども面白い。市場原理に論拠を置く規制緩和が始まってから、一九八七年のブラック・マンデー以後も幾度となく起きる金融市場の危機と混乱が、効率的市場仮説の前提を疑わせるに至っている。近年は行動経済学などが市場参加者の非合理的な行動を解明しつつあるが、効率的市場仮説にかわる、しばしば人間的な動きをみせる金融資本市場全体を説明できる統一理論はいまだない。その間にも今回のような大きな市場の失敗が生じ、そこに金融経済学の限界があることを著者は指摘する。

『**The Sages**』は、投資市場の実態をよく理解する著者による、市場を透徹する実績をもつ賢人たちの話である。ノーベル賞級の経済学者たちは今回の金融危機を見抜くこともできなければ、危機の対策も提言することのできなかった役立たずであると斬り捨てる。それに対して、数々の危機を切り抜けながら多様な経験と信念に基づき五〇年にわたり市場で活躍してきたジョージ・ソロス、ウォーレン・バフェット、ポール・ボルカーの三人を「賢人たち」と呼び、その偉大な足跡や思想をコンパクトに紹介している。著者は、金融市場は不完全なので野放図な市場参加者の自由に任せるのではなく、最低限の規制やルールに基づき、三賢人のように独自の哲学をもち資本主義の本質を歴史的に洞察する人々により市場が運営され発展することを望んでいるようだ。

（「ＣＦＯ ＦＯＲＵＭ」二〇〇九年九月一〇日）

§3-07

ゴールドマン・サックスの競争優位を支える企業文化

- 『Bullish on Uncertainty: How Organizational Cultures Transform Participants』Alexandra Michel and Stanton Wortham（Cambridge University Press, 2009）
- 『The Partnership: The Making of Goldman Sachs』Charles D. Ellis（The Penguin Press, 2008）
- 『ゴールドマン・サックス―世界最強の投資銀行』リサ・エンドリック著、斎藤聖美訳（講談社、１９９８年）

その強欲と利益文化により大手専業五社のうち三社が消滅し、米国の投資銀行は絶滅の危機に瀕したようにみえたのがつい一年前（二〇〇八年末）の話である。ところが、先ごろ発表された〇九年第三四半期の業績をみると、ゴールドマン・サックスとＪＰモルガン・チェースの二社が投資銀行業務で過去最高益を記録している。競争相手が減ったこともあるが、これらの投資銀行が引き続き大きなリスクをこれまでよりはいくぶん慎重にとることで、大きな利益をあげていることがわかる。

パートナーシップ形態の米国投資銀行は、米国開拓期の鉄道や通信インフラ金融に大きな役割を果たし、成長する自動車や鉄鋼、石油企業などの証券引受けやＭ＆Ａ助言などを通じ、企業との長期的取引関係を築きその地位を高めていった。やがて一九七〇年代に入りトレーディング力をもつ新興勢力が台頭し、八〇年代に入ると規制緩和を背景にした商業銀行や欧州のユニバーサルバンクの参入により競争が激化した。さらに、ＩＴや金融技術の発達により新たな金融商品の開発が進み、業務が多角化するなかで、自己勘定でリスクをとるトレーディング業務が主要業務となった。そこでは企業規模や資本力が競争優位の源泉となり、株式を公開したり大手商業銀行の傘下に入ったりすることになる。投資銀行業務の本質は、その優れた人材がもつ暗黙知としての情報とスキルの優位に基づく市場でのリスクテイクにある。情報が不完全な金融資本市場にとって投資銀行の存在は不可欠のものである。

なかでもゴールドマン・サックスは、モルガン・スタンレーなど一流の投資銀行の後塵を拝した新興の投資銀行の一つであったにもかかわらず、いまでは業界トップの投資銀行として高い利益をあげ続けている。その経営陣ＯＢはルービンやポールソンのように財務長官などの政府高官につき、ハーバードをはじめ一流ビジネススクールの最優等学生の就職先としても最も人気が高い。その秘密を探ることは、投資銀行の本質を理解するうえでも重要である。

『**Bullish on Uncertainty**』は、組織学者によるゴールドマン・サックスのケーススタディである。ゴールドマン・サックスが優秀なＭＢＡ修了者を雇い、不確実性の大きな困難な仕事に最初から投げ込むことで、どのような状況にも柔軟に対応できる人材を養成していく独自の企業文化をもっていることを指摘し、そこに大きなリスクをとることを本業とする組織全体の競争優位があることを明らかにする。

『**The Partnership**』は、ゴールドマン・サックスで戦略コンサルタントを務めた著者が、多くのゴールドマン・サックスのリーダーたちとの接触から得た経験を基礎に、五〇年前には小さな家族経営の投資銀行にすぎなかったゴールドマン・サックスが、現在の成功した地位を築くに至る要因となったパートナーシップの企業文化の秘密を詳しく描く。

『ゴールドマン・サックス―世界最強の投資銀行』は、ゴールドマン・サックスに関し唯一邦訳で読める本である。著者は同社の優秀な女性為替トレーダーである。長いパートナーシップ経営の時代から九七年の株式公開までの一三〇年に及ぶ歴史を通じて築きあげた、ゴールドマン・サックスの顧客を重視しリスクテイクを奨励する企業文化の強みに着目し、その成功の要因を描く。

これらの本からわかるのは、八〇年代以降の競争の激化のなかでも、ゴールドマン・サックスが他社にはまねのできない、独自の競争優位となる企業文化を維持し続けているということである。顧客からの高い評価が、市場情報やネットワークの優位を通じた自社トレーディングでの圧倒的なリスクテイク力につながっている。それは、長期の勤続とパートナーシップの伝統を継承するチームワークによるエリートのトレーダーたちの仲間文化である。

（「CFO FORUM」二〇〇九年一二月一〇日）

§3-08

金融工学が金融危機の原因だったのか

- 『Financing the Future: Market-Based Innovation for Growth』Franklin Allen & Glen Yago（Wharton School Publishing, 2010）
- 『リスクの経済思想』酒井泰弘（ミネルヴァ書房、２０１０年）

世の中では一時、今回の金融危機の主犯は、複雑で誰もリスクを理解できないような金融商品を発明した金融工学にあるとの批判が言いはやされた。ウォール街に批判的な元ＦＲＢ議長のポール・ボルカーは、これまで金融機関が行ったまともなイノベーションはＡＴＭだけだと述べた。

金融の重要な役割は、社会のさまざまな不確実性を制御可能なリスクに転換して、経済の成長を導くイノベーションに資金を提供することである。自由な金融市場は、新たな金融商品やサービスを開発し、金融組織を創造することで、持続可能な経済発展に寄与する役割を果たす。経済成長に必要なのは、このような金融のイノベーションである。金融イノベーション自体は金融危機の原因ではない。その使い方を間違ったのが、ウォール街の行き過ぎた短期利益の追求の動機であった。

今回は、金融工学の本質について考える本を選んだ。私は大学を出て二五年間国際的な投資銀行業務の現場で働き、その後一〇年間大学に身を置いている。実務と学問の狭間での経験の結果、実務家が読んでなるほどと感じる理論的な書物こそが、良書であると思うようになってきた。今回の二冊もそのような本である。

『**Financing the Future**』は、ウォートンスクールの著名な金融学者アレン教授と、金融イノベーションの権威、ミルケン研究所のヤーゴー研究部長が、金融イノベーションの歴史を振り返り、それがいかに人類に進歩をもたらし、未来を切り拓くものであるかを明らかにしている。事業金融、住宅金融、環境金融、医療金融、開発金融など経済を成長させ社会を持続可能とする分野で、不確実性を削減し、目的実現のコストを下げるような、新金融商品やサービス、金融の新しいプロセスやオペレーションの手法、新しい組織を開発するのが、金融イノベーションである。取引の複雑さや過大なレバレッジ、取引の不透明性などが今回の金融危機の要因となっているが、それはイノベーションではないとする。イノベーションが、持続可能な資本調達の仕組みやアクセスの実現と、透明で簡潔な市場の創造を通じ、金融変革の原動力となることを、本書は具体的な事例に基づきわかりやすく述べている。金融イノベーションの全体像とこれからの意義を考えるのに最適の本である。

ところで、ミルケン研究所は、ジャンク債とＬＢＯ取引で中堅企業の成長と一九八〇年代の金融革新をリードしたが、利益をあげすぎ大衆の怨嗟を浴びてブーム破綻の生贄として起訴収監され時代の犠牲者となった金融イノベーターのマイケル・ミルケンが、私財を投じて貧困者のための金融開発などのために設立した研究機関である。

『**リスクの経済思想**』は、リスクの経済学を日本に広めた酒井泰弘滋賀大学教授が、そもそもリスクと不確実性の違いは何かに始まり、多種多様なリスクの種類、リスクをとるという行為がマイナス面だけではなくプラス面が大きいことなどを、実例を引きながらわかりやすく展開する。市場経済システムがもともと不安定なシステムであり、そのなかでアダム・スミスやケインズが指摘した、リスクにあえて挑戦し乗り越えていこうとする企業家によるアニマルスピリットのプラスの側面についても、経済学の理論に即して説明する。

現在の日本の金融機関に欠けているのは、このようなリスクテイカーとしての役割である。新しい産業を育てたり、人々に新しい金融手段を提供したりする金融機関の基本的な役割を忘れてしまっている。金融関係者には、このような書物を読んでリスクとイノベーションの意味と意義をよく理解し、わが国経済の持続的な発展に貢献する金融機関をつくることが求められているようだ。

（「ＣＦＯ ＦＯＲＵＭ」二〇一〇年一二月一〇日）

§3-09

金融危機　その背景と原因の解明

- 『フォールト・ラインズ「大断層」が金融危機を再び招く』
ラグラム・ラジャン著、伏見威蕃訳（新潮社、２０１１年）
- 『リーマン・ショック・コンフィデンシャル―追い詰められた金融エリートたち（上・下）』
アンドリュー・ロス・ソーキン著、加賀山卓朗訳（早川書房、２０１０年）
- 『Slapped by the Invisible Hand: The Panic of 2007』
Gary B. Gorton（Oxford University Press, 2010）
- 『All the Devils are Here: The Hidden History of the Financial Crisis』
Bethany McLean & Joe Nocera（Portfolio, 2010）

二〇〇八年の金融危機から二年以上経ち、一〇年一月二七日には米議会金融危機調査委員会の最終報告書が発表されたが、その背景や原因を特定するのはむずかしい。

金融危機はマクロ的にみれば、グローバルな経済の不均衡を背景に、バブルが進展し破裂するに至り、金融機関の資産内容に対する不安による取り付けのパニックからシステム全体の流動性危機に波及するという、おなじみのプロセスの繰り返しだ。今回は、投資銀行の取り付けが引き金となり、同様の金融危機が生じたのである。一方で、これをそこで行動するミクロの個人や組織の観点からみれば、それぞれの合理的と思われる行動や意思決定が、全体として誤った結果に導く。そこには、金融システムを構成する個人や組織の誤ったインセンティブの構造や仕組みがあり、それが過度のリスクをとり利益を追求することを促し、危機を増幅させる。つまり金融危機は、マクロの経済不均衡とミクロの個人や組織の誤った行動の両者により複合的にもたらされたものであって、金融機関に対する規制の強化だけではその再発を防止するのは困難なようにみえる。

そこで経済学者の理論的分析によるマクロ的な原因の究明と、ジャーナリストのインタビュー等に基づくミクロ的な個人や組織行動の追求のそれぞれについて、翻訳書と未翻訳書で良書を紹介したい。

『フォールト・ラインズ』の著者ラグラム・ラジャンは米国を代表する金融経済学者でシカゴ大学教授、その後インド中央銀行総裁も務めている。ラジャンは金融危機が高度の金融システムをもつ米国で集中的に生じるのは、国内政治のひずみ、貿易の不均衡の経済的ひずみ、資金供給が成熟度の異なる金融システム間で行われることによるひずみといった断層があったためで、問題の解決はむずかしいが、市場システムを信頼し政府と市場のバランスを図り、さまざまな断層を断ち切ることが重要だとする。

『リーマン・ショック・コンフィデンシャル』は、「ニューヨーク・タイムズ」の敏腕エース記者が、ウォール街と当局の当事者に食い込んで〇八年九～一〇月のリーマンショックを契機とする金融危機を徹底取材した著書である。金融危機の現場を臨場感あふれる筆致で再構成した調査報道のベストセラーとなっている。議会の制約をものともせず、電話をかけまくって問題をその場で解決しようとするヘンリー・ポールソン財務長官や、カリスマ経営者から孤立を深めていくリーマン・ブラザーズCEOのリチャード・ファルドなど、当事者の行動の内面にまで踏み込んで、よくここまで調べたものだと感心させられる。

『**Slapped by the Invisible Hand**』は、金融論の権威でイェール大学のゴートン教授が、〇七年夏の銀行間市場の崩壊による流動性危機を分析し、今回の金融危機は銀行という制度自体が内包する「取り付けリスク」を原因とする典型的な銀行危機の一変形だと結論づける。そこでは規制をかいくぐるかたちで広がった影の銀行システムと、預金にかわる証券を担保とした流動性と信用力の高いレポ市場を通じた信用創造が、危機の原因となった。信用度が高いと考えられていた証券（サブプライム・ローンを担保とした証券等）が、実はリスクの高い商品であることが判明し、レポ市場での短期資金の調達が困難になった投資銀行が出てきて、影の銀行市場にパニックが拡大する端緒となった。レポ取引担保における掛目（ヘアカット）率が急激に引き上げられ、資金調達主体は追加担保を差し入れるため資産を売却しようとしても買い手がいなくなり、ショックからパニック（取り付け）へと進んだのだ。

『**All The Devils are Here**』は、二人のベテランのビジネスジャーナリストが、金融危機で主役や脇役を演じたメリルリンチCEOのスタン・オニールやゴールドマン・サックスCEOのロイド・ブランクファインなどの投資銀行家、カントリー・ワイドCEOのアンジェロ・モジロなどのモーゲージバンカーなどのウォール街の主要なプレーヤーたち、そしてアラン・グリーンスパンFRB議長やさまざまな規制当局者の行動に焦点を当て、それぞれミクロの立場からは最善、かつ合理的と思えた行動がマクロレベルで意図せざる危機につながっていくさまを、各人のジキルとハイド的心理や行動を分析しその背景を解明しようとしている。

（「CFO FORUM」二〇一一年三月一〇日）

§3-10

金融不祥事と金融機関の存在意義

- 『Finance and the Good Society』
Robert J. Shiller（Princeton University Press, 2012）
（邦訳：山形浩生訳『それでも金融は素晴らしい』東洋経済新報社、２０１３年）
- 『金融動乱─金融庁長官の独白』
五味廣文（日本経済新聞出版、２０１２年）

金融不祥事は周期的に生じ、規制や防止策をいくら講じても絶えることはない。経済が好調になれば、利益を追求する金融機関はより大きなリスクをとり、その過程で不正な取引に手を染めるものが出てくる。やがて好景気の波が引いていくとともに、不正が表面化し、当事者は刑事罰を受け、金融規制は強化される。しかし、景気が上向けば規制緩和の声とともに、金融機関は再び野放図な取引に手を染める。

二〇一二年六月にバークレイズ銀行に対する罰金処分の公表で表面化したＬＩＢＯＲ金利操作事件は、総額三五〇兆ドルといわれるデリバティブ取引や国際的貸付の基準金利の不正であり、世界の有力銀行約二〇行が関与しているだけに、その問題の根は深い。金融立国の立て直しを迫られる英国政府の危機意識は強く、シティにウォール街の競争原理を持ち込んだバークレイズの米国人ＣＥＯのボブ・ダイヤモンドは、「儲けすぎの象徴」として激しい批判にさらされ、辞任に追い込まれた。ウォール街では、ドッド・フランク法の規制強化に反対する急先鋒であったジェームズ・ダイモンＪＰモルガン・チェースＣＥＯが、リスク管理の失敗による巨額トレーディング損失で、社内での立場を弱めている。この二つの事件で再び明らかになったのは、金融業界の閉ざされた仲間主義と、大きすぎて複雑で経営管理が不能（too large and too complex）になった巨大金融組織の問題である。金融が本来の経済に奉仕する機能を回復するには、競争的で透明性のある金融市場と金融組織が必要だ。金融機関は自己規律を高め、柔軟で効率的な組織にしていく必要がある。

『**Finance and the Good Society**』で米国の住宅金融バブルを最初に見抜き、一三年にはノーベル経済学賞を受賞したイェール大学のロバート・シラー教授は、金融がイノベーションを通じ経済や社会に貢献する本来の役割を取り戻すことを求めている。たとえば、さまざまな保険の発明は、人々や企業が将来直面する可能性のあるリスクをヘッジする社会的に意味のある手段を提供する。問題は金融の過剰な行き過ぎにあり、それは金融機関自体の倫理感や、より多くの人々が金融に参加し、イノベーションを享受できるようになるような民主的な手段によって防ぐことができるとする。そこでは金融規制は、金融に従事するプロフェッショナルが道徳的に正しい行動をとることを促すようなインセンティブを供与しなければならない。金融市場や組織がうまく設計され、民主化されれば、それは社会の発展の基盤になることを、金融に従事する専門家たちそれぞれの役割と責任に触れながら具体的に提起する。

『**金融動乱**』は、一九九八年の日本の金融危機からの激動の一〇年間を金融監督規制に携わり、二〇〇七年金融庁長官を最後に退官した規制当事者によるかなり率直な回顧録である。バブルの失敗に懲りた日本の金融機関は、その優秀な人材を活用できず、横並びの発想で企業の成長にも貢献していないと著者はみる。この間、規制当局も米国直輸入のルールで、金融機関の自由な行動を妨げてきた面があるのだが、著者は規制も欧米をまねすればよいのではなく、市場参加者の洗練度が低い日本の実情にあわせ、国際競争力を高めるような制度設計と運営が必要だと考えてきたようだ。国際競争力をもつ製造業に学んで、自らの努力で金融機関は高付加価値を目指していくべきであるとする。金融機関の経営者と金融庁長官の間では、対話が少なかったことを率直に反省し、お互いに緊張関係をもった主張と対話の必要性を説く。

日本でも金融不祥事は繰り返し生じている。金融機関自らの存在意義を問いただす自己規律、その活動の透明性と説明責任を求める金融監督と規制、それを促す国民の厳しい監視が必要である。

（「ＣＦＯ ＦＯＲＵＭ」二〇一二年九月一〇日）

§3-11

金融機関はなぜ経営に失敗するのか

- 『What Happened to Goldman Sachs: An Insider's Story of Organizational Drift and its Unintended Consequences』
  Steven G. Mandis（Harvard Business School Press, 2013）
- 『Making it Happen: Fred Goodwin, RBS and the Men Who Blew Up the British Economy』
  Iain Martin（Simon & Schuster, 2013）
- 『しんがり――山一證券　最後の12人』
  清武英利（講談社、２０１３年）

金融の自由化と金融機関の多角化や大規模化が進むなかで、いくつもの大手金融機関が経営に失敗している。その理由は次の五点に集約される。①業務の拡大と複雑化のなかでのリスク管理の失敗、②利益至上主義とそれを助長するインセンティブの問題、③経営者の独走と"Too Big To Fail"のモラルハザード、④規制当局の無知と怠慢、⑤これらを助長する企業文化の変容、である。金融機関の業務の基本は、リスクを管理し、個人の財産を守り、必要な分野に資金を供給し、社会に価値を生む地味で重要な仕事である。この基本から外れた経営が行われたことに問題の本質がある。

今回たまたま同じ時期に、関係者のインタビューを中心に金融機関の経営実態を内側から明らかにした興味深い本が三冊出た。それぞれフォーカスは違うが一読の価値がある。

『**What Happened to Goldman Sachs**』は、ゴールドマン・サックスの企業文化の変容と漂流をテーマにする。本章の§3－07では、ゴールドマン・サックスの秀でた企業文化が競争優位につながっているとする本を三冊取り上げたが、本書はそれに異議を唱えている。最も優れた人材を集め、幹部出身の政府高官も多く輩出した超優良企業の文化が、顧客第一のパートナーシップの企業文化から、グローバル化の環境のなかで大きなリスクをとる必要から一九九九年に株式を公開し、時に顧客を犠牲にしてまで自己利益を最大化する、トレーダー中心のアグレッシブな文化に変貌していく。その過程で高い利益を達成するが、さまざまなスキャンダルにも見舞われる。本書の研究でコロンビア大学博士号をとった著者は、ゴールドマン・サックスでM&Aアドバイスと、自己勘定のトレーディングという本流業務を一〇年近く経験しており、内部の重要パートナーの証言や公刊された資料を積み上げ、この企業文化の変容をバランスよく実証的に明らかにしている。

『**Making it Happen**』は、英国の大手銀行RBSの急膨張と破綻の物語である。ビッグバン以降金融を主産業の一つと位置づけ、シティに依存して成長した英国経済は、リーマンショックという対岸の火で、大手銀行の国有化に進まざるをえず、大打撃を受ける。その主役の一つ、RBSの前身ロイヤルバンク・オブ・スコットランドは、長い歴史をもつ伝統的な商業銀行であった。それが九九年に英国三大銀行の一つNatWestを買収、二〇〇七年にはオランダに本社を置く国際的な銀行のABNアムロの一部買収で、一時的に世界最大の多角化した銀行の一つになったが、リーマン危機に直面し、一気に破綻の道へ進む。その破綻の主人公は、銀行業務の経験が乏しいにもかかわらず若くしてCEOに抜擢され、金融業務のリスクをよく理解せず、口うるさく細部にしか興味がないスコットランドの会計士上がりのフレッド・グッドウィン卿の行動特性にあった。なぜ、金融のプロが集まっていたはずのシティでこのようなことが起き、取締役会や規制当局は、その間何をしていたのか。著者はスコットランド出身のジャーナリストで、調査報道の腕を生かし、関係者のインタビューを通じて主人公たちの暴走を生き生きと描く。

『しんがり』は、一九九七年に破綻した山一證券のサイドストーリーである。破綻後の社内調査や清算処理に携わった、社内では「場末」と呼ばれていたバックオフィス出身の一二名の社員に密着取材した物語である。著者は読売新聞社会部の敏腕記者として知られ、その後読売巨人軍の球団代表を務めたが、渡邉恒雄読売新聞社主巨人軍オーナーから解任され、組織を追われたことで有名である。自らの経験から、組織のなかで下積みとなる人に温かなまなざしをもっている様子がうかがえ、山一證券がエリート経営者たちの仲間経営で失敗し破綻したことによって、ある意味その犠牲者となったごく普通のサラリーマンの生きざまに焦点を当てながら、企業文化の問題点を浮き彫りにしている。

（「ＣＦＯ　ＦＯＲＵＭ」二〇一四年三月一〇日）

§3-12

金融規制の限界

- 『Other People's Money: The Real Business of Finance』
John Kay (Profile Books, 2015)
- 『金融市場は制御可能なのか?』
ハワード・デイビス著、田中正明訳（金融財政事情研究会、2016年）

金融機関の経営破綻をきっかけとした金融危機は繰り返し起きている。そのなかで、二〇〇八年の金融危機はこれまでで最大の危機といってよく、これを教訓にさまざまな規制の強化が進められている。しかし、過去の金融危機をみると、危機の直後に規制が強化されても、やがて規制は緩和されるか金融技術の進歩により抜け穴が見つかり、金融機関のリスクテイクの行き過ぎが重なって、再び金融危機が訪れる。金融危機の背景には金融機関の行き過ぎた経営行動があり、それは規制の強化だけで制御できるものではなく、金融機関の経営行動自体にメスが入れられるべきものなのである。

このことを考えるのによい本が、二人の実務をよく理解する英国の金融専門家によって書かれ、最近出版された。二冊はいずれもコンパクトにまとめられた一般書であり、この問題を日ごろから考える一般の読者に読みやすいものになっている。

ジョン・ケイは英国を代表するエコノミストの一人で、「フィナンシャル・タイムズ」に長期にわたりコラムを書くほか、さまざまな媒体に経済、金融とビジネスの接点で論説を寄稿している。

『**Other People's Money**』は、金融機関は社会の役に立っているのかという根源的な疑問を展開する。金融の価値は、金融機関の収益ではなく、四つの役割——すなわち決済機能、借り手と貸し手のマッチング、一生を通じた個人のファイナンスの管理、リスクの管理——をいかに果たし、社会にどのようなサービスを提供できるかにある。しかし、金融機関は利益さえ出ればどのような取引も認められるという文化のもとで、金融機関同士が複雑かつ密接に結びついて、金融システム全体の不安定をもたらした。ケイは、金融危機は規制では防げず、金融産業の構造、金融機関の組織、インセンティブ、企業文化に問題があると結論づける。そこで、金融機関が顧客サービスの提供を目的とし、他人のお金を預かるにあたっての、忠誠心や健全性の義務を課すことの重要性を強調する。大銀行は複雑さを削減し、顧客サービスの明確な差を打ち出すことが必要であるとする。

『**金融市場は制御可能なのか?**』の著者のハワード・デイビスは金融危機前の初代金融サービス庁長官であり、ロンドン・スクール・オブ・エコノミクス学長を務め、現在再建中のRBS（ロイヤルバンク・オブ・スコットランド）取締役会長である。訳者は著者と親交の深い前三菱UFJフィナンシャル・グループ副社長の田中正明である。私はこの本の翻訳の監修に参加する機会を得て、原書をじっくり読ませていただいた。本書で著者は一九八〇〜九〇年代の経済の金融化（Financialization）が、金融市場の不安定化を招いたとする。そこで、金融セクターの過度の膨張が金融部門の所得を増大させ、所得不平等を招き、経済全体にデメリットをもたらしたことを明らかにする。金融システム全体がリスクを増殖させ、その中身を理解しないものにリスクを負わせたのである。危機後世界的に規制は強化されたが、各国の対応は統一性を欠き、いたずらに複雑なものになっている。金融当局の金融機関経営への細かな介入の効果には疑問があると著者はいう。一〇〇年に一度の大洪水にも生き残る銀行は、慎重なリスク判断を行い、群れの動きに従わなかった銀行であり、そのような銀行の事例からの教訓の学習が重要であるというのが著者の主張である。個別銀行のガバナンスや経営が第一に重要であり、そのうえに市場規律をもたらし、より頑強で持続可能な規制が策定されることで、制御可能な金融市場ができる。

この二つの有力な英国の識者によるコンパクトに要点がまとまった近著は、金融危機を防ぎ金融市場を安定化させるためには、規制強化だけではなく、大手金融機関の経営自体の規律づけが何よりも重要であることを指摘している。今回の金融危機を通じて生き残った銀行と消えていった銀行の経営のリーダーシップや組織、企業文化の違いを分析し、今後の教訓にすることが重要になると私は考えている。

(「CFO FORUM」二〇一六年一〇月一四日)

Cinema ③

日米のリスクテイク風土の違い

・『バーニング・オーシャン』(原題:Deepwater Horizon) 2016年、監督:ピーター・バーグ
・『ジーサンズ　はじめての強盗』(原題:Going in Style) 2017年、監督:ザック・ブラフ

米国の経済の現状とそのなかでの人々の生活を知るには、米国映画をみるのが一番である。

今回は巨大事故のなかでの組織人の行動を描いた二〇一七年五月公開の『バーニング・オーシャン』(Deepwater Horizon)と、金融危機後の厳しい経済状況で追い込まれた老人達の喜劇的な行動を描いた一七年六月公開の『ジーサンズ　はじめての強盗』(Going in Style)の二本を取り上げる。前者は福島原発事故と対比し、後者は豊かな個人資産がありながらも大きな不安を抱えながら生きている日本の老人の問題と対比させることで、日本の抱える問題が浮き彫りになる。

『バーニング・オーシャン』は、史上最悪の原油流出事故となった一〇年のメキシコ湾でのＢＰ(旧ブリティッシュ・ペトロリアム)の石油掘削リグDeepwater Horizon号爆発事故(海洋汚染処理を含め被害総額五四〇億ドル)の一部始終を迫力ある映像で描き、現代の企業で日々リスクに直面する人々にとり必見の映画となっている。掘削リグには当時七人のＢＰ社員、七九人のオペレーション会社社員、その他下請各社ワーカーの計一二六人が働いていた。深海の作業に伴う不良機材のメンテナンスなどさまざまな問題から工期は五週間遅れ、ＢＰの幹部は作業を急がせていた。爆発の原因は、リグの周囲を固めるセメンティングの効果を確認する圧力テストを怠り、直前のパイプ水圧の急上昇などのいくつかの警戒シグナルを見落とし、排水の泥水の確認を怠ったことにある。主人公のオペレーション会社の現場監督は、ＢＰの幹部に安全策のチェックを進言するが、時間とコストを重視するＢＰは楽観視して惨事につながった。深海の原油やガスが漏れても、リグのパイプを閉鎖するなどの多重の防御装置が設けられていたが、異なる組織の社員間のチームワークがうまく働かず、それらの装置も作動しなかった。

福島原発事故と対比すると、現場のチームワークが原発所長をトップにピラミッド型で対応する日本と、リグ所有者のBP社は経済効率性の観点で指示だけ出して、後は現場のオペレーションや個々の作業をそれぞれの専門性で責任を分担し分業する人々に任せる英米流の組織の差がよくわかる。福島原発事故ではマニュアルやルールを破った意思決定がいくつかあったことが事故後明らかになっている。これに対し、この映画では関係者それぞれが与えられた権限や責任の範囲内で、できる限りマニュアルに沿って処理しようとする。いずれも過酷事故になるわけだが、映画では主人公のオペレーション現場監督の英雄的行動が強調されていて、そこにも福島第一原発所長のチームワークを重視し、やや抑制した行動をとっていたこととの差をみることができる。

『ジーサンズ　はじめての強盗』は、マイケル・ケイン、モーガン・フリーマン、アラン・アーキンの三人の八〇歳代のオスカー俳優が競演する軽喜劇である。ブルックリン在住の三人の老人は鉄鋼会社に長年勤めた後退職し、年金により住宅ローンの返済と生活費を賄っている。その鉄鋼会社が経営に行き詰まり買収されることになり、現職の従業員の解雇と退職者の企業年金の凍結が告げられる。その結果、主人公の一人の銀行口座が凍結されサブプライム住宅ローンの元利払額が急増し、返済不能となる。また、別の一人には致命的な病気が見つかる。そこで仲間の三人が語らって、老後の年金支払総額に見合う金を銀行から強奪する。映画ではこの顚末が面白おかしく描かれる。

米国の老人たちは蓄えもなく、齢八〇になっても借家住まいで、医療保障も不十分で、日本の平均的老人より貧困であることは間違いない。それでも彼らは楽観的で、仲間同士助け合って明るく生活している。多くの日本の老人たちが少なからぬ個人資産をため込み、十分な医療保障と一応の年金をもらっており、金銭的には米国の老人より恵まれている。しかし、日本の老人のほうは将来に対する言い知れない不安を抱えており、年金も一部貯蓄に回し、日々の生活を楽しんでいるようには思えない。彼らのなかには会社を辞めた後、孤独に暮らす者が多く、この映画のように心からの友人と日々楽しく過ごす者は少ない。この映画の三人の主人公は、銀行強盗では銀行は被害額を保険でカバーできるので誰の懐も痛まないといって、自力で将来の生活を立てようと強盗をたくらむ。この発想は日本の老人には出てこない。

日本の老人たち（私もその一人なのだが）がこの映画をみて、米国の老人たちよりも自らの境遇はまだましであると感じ、もっと消費に励み、相応の社会保障費や年金を負担するようになれば、日本の経済も上向きになるのではなかろうか。

（「ＣＦＯ ＦＯＲＵＭ」二〇一七年八月一七日）

コメント

第三章では、繰り返す金融危機のなかでの金融機関の行動や、金融イノベーションとリスク管理の特徴などを、「革新（イノベーション）―暴走（利益至上主義の行き過ぎから金融機関の破綻へ）―規制強化」のパターンが繰り返される動きとして取り上げた。

私は大学を卒業した後、日本の大手銀行に就職し、二五年間にわたって主として米国関連の国際金融業務に従事した。米銀買収検討のプロジェクトチームに参画していたこともあり、米国の金融市場の動向とそこでの投資銀行などの役割について、多くの関連書籍やレポートを読むことになった。また、勤務先銀行が米国で買収した、当時世界でも最先端のリスク管理システムを備えた証券ディーラーに出向していたので、そこで金融のイノベーションとそのリスクについて現場で体験することができた。当時日本銀行のニューヨーク駐在だった白川方明氏（後の日本銀行総裁）がこの会社を訪問し、その先端性に感心していたことを思い出す。

米国の金融市場は変動が激しく、そこで一流のプレーヤーは次々と新しい市場や商品に競争相手を出し抜いて進出し、異なるマーケットでの商品価格の乖離を利用して大きな利益をあげる。そして当該新市場や商品が飽和する前に素早く抜け出して、次のイノベーションを求める。

このようなプロセスにおいて、時代の寵児となり巨額の報酬を得た金融イノベーターは、えてして大衆の怨嗟のターゲットとなりやすい。最近出版されたRichard Sandler著『**Witness to a Prosecution: The Myth of Michael Milken**』（Forbes Books, 2023）は、一九八〇年代に「ジャンク債の帝王」と呼ばれ、数多くの信用力の低い新興企業の資金調達を可能にしたマイケル・ミルケンが、八六年にインサイダー取引などの罪状で逮捕された事件の顚末を詳しく描いている。当時ミルケンの弁護士を務めた著者が、なぜ当局がミルケンを摘発の対象とし、メディアが魔女狩りのようにそれを煽ったかを、当時の訴追プロセスを追いながら明らかにする。その後有罪判決を受け収監されたミルケンは模範囚となり、九三年に減刑により仮釈放された後、教育財団やミルケン研究所を設立し活発な社会活動を行ってきた。米国社会はミルケンが八〇年代のウォール街の行き過ぎに対する政治的なスケープゴートであったとみるようになり、トランプ大統領は二〇二〇年二月ミルケンの恩赦を発表している。

このミルケンを有罪に追い込んだのが、当時ウォール街の金融犯罪を担当していたニューヨーク南部地区連邦検事のルドルフ・ジュリアーニであった。彼は政治的野心あふれ、ミルケンなどウォール街の大物の逮捕起訴を足がかりに出世街道を歩む。昨年刊行されたAndrew Kirtzman著『**Giuliani: The Rise and Tragic Fall of America's Lawyer**』(Simon & Schuster, 2022) は、ジュリアーニの栄光と転落を余すことなく描いている。〇一年九月一一日の同時多発テロを機に記者としてジュリアーニを追うことになった著者は、ニューヨーク市長としてテロの救援活動でリーダーシップを発揮して国民的英雄となったジュリアーニが、その後トランプ大統領の顧問弁護士として数々のスキャンダルのもみ消しなどに関与し訴追を受け転落していく現在までの姿を読者に明らかにしている。本書刊行後の二三年一二月、ジュリアーニは大統領選に絡む名誉棄損訴訟で一億四八〇〇万ドルの損害賠償を求められ、破産を申請した。

この二冊をあわせて読むと、ウォール街の犯罪者とこれを摘発する検事が、時を経て片や金融イノベーターとして見直され、片や地に落ちた悪徳弁護士に墜ちるという、ウォール街を取り巻く人間模様が垣間見えて興味深い。

最近では、金融イノベーターの落ちた偶像を、ＦＴＸのバンクマン・フリードにもみることができる。金融のイノベーションと期待され急速に広がった暗号資産（仮想通貨）市場の取引大手ＦＴＸは、二二年一一月に経営破綻した。天才で暗号通貨の王とまで呼ばれた創業者サム・バンクマン・フリードは、顧客から最大一〇〇億ドルを盗んだという史上最大規模の詐欺など七つの罪状で有罪となり、最大で一〇〇年の刑が科せられる可能性がある。

世界の大手金融機関の盛衰は激しい。金融市場にはリスクはつきもので、リスクを管理できた金融機関だけが生き残る。リスクや規制のはざまから金融イノベーションが生まれるが、そこで勝ち残るには、リスクに対処できる企業文化やリスクコミュニケーションが不可欠である。

日本の銀行はこの世界の動きから取り残されているようだ。日本経済がピークを迎えた一九八八年には、世界の銀行の時価総額ベスト一〇行中八行を邦銀が占めていたが、二〇二三年には三菱ＵＦＪ銀行がやっと一六位に入っているだけだ。当時日本の銀行が力を発揮したのは国の経済力の裏づけのおかげであり、先端の金融業務をリードする実力もなく、トップのリーダーシップもリスクをチャンスととらえるようなリスク文化もなかった。

この間、ＪＰモルガンは幾多の危機を乗り越え、いまでは時価総額世界トップに君臨し、米国で最も優良な金融機関とされる。〇五年から現在に至るまで銀行持株会社ＪＰモルガン・チェースのトップを務めるジェームズ・ダイモンは、優れた銀行経営者の代表である。彼の金融界のリーダーとしての活躍の歴史はSamantha Jones著の伝記『**Jamie Dimon Book: The Complete Biography**』(Independently Published, 2023) が詳しい。

金融危機が繰り返されるなかで、金融の社会的責任や役割を見直す動きも常にある。その最近の事例がＳＤＧ・ＥＳＧ金融の動向だ。白井さゆり慶應義塾大学教授の『**ＳＤＧファイナンス**』(日経プレミアシリーズ、二〇二〇年) は、新書版ながら、この新しい金融分野に取り組む金融機関や投資家の最近の動向を網羅している。社会インパクトの観点で投融資を行うＳＤＧファイナンスの現状と今後の展望について興味があるビジネスパーソンにお勧めできる。

第 4 章

高等教育と企業の人材開発

§4-01

ＭＢＡコースは経営者教育として有効か

- 『Managers Not MBAs: a Hard Look at the Soft Practice of Management Development』Henry Mintzberg（Berrett-Koehler Publishers, 2004）（邦訳：池村千秋訳『ＭＢＡが会社を滅ぼす　マネジャーの正しい育て方』日経ＢＰ社、２００６年）
- 『企業変革と経営者教育―破局に学ぶリスクマネジメント』野村マネジメント・スクール（野村総合研究所、２０００年）

一八八一年、経営管理者を養成する目的で、ペンシルバニア大学に全米最初のビジネススクールであるウォートンスクールが設立された。それから一二〇年、いま（二〇〇四年）では全米に三〇〇校以上のビジネススクールがあり、毎年約一二万人のＭＢＡを輩出している。トップ二〇校の卒業生の初任給は平均一二万～一五万ドルで、入学直前の年収の倍となり管理者の地位が約束される。ＭＢＡ取得は効果の高い人的投資とみなされ、大卒後平均四～五年の職業経験をもつ平均年齢二八歳の若者が平均年収六万～七万ドルの仕事を捨て年三万～四万ドルの授業料を払い二年間ＭＢＡコースに通う。ＭＢＡ教育は欧州からアジアにも広がり、従来この種の教育とは縁のなかったドイツや日本でも急増している。

米国のＭＢＡ教育には従来からさまざまな批判がある。成功した企業経営者にはＭＢＡをもたない者も少なくない、長期的にみると投資に見合う効果はない、ＭＢＡ教育は理論に傾斜し実践的ではない、株価至上主義でモラルや倫理の欠如するマネージャーを生み出す、などが批判の主なものである。最近では人的資源管理理論の大御所スタンフォード大学の、ジェフリー・フェファー教授が提起した、ＭＢＡ教育が卒業直後のキャリアの上昇とサラリーの増加という市場での短期的経済効果のみを追い求め、組織を運営する経営管理者としての専門的エートスの追求の面が置き去りにされているという議論がある。

このようななかで、経営戦略論の大御所ヘンリー・ミンツバーグ教授の近著『**Managers Not MBAs**』は、刺激的な内容となっている。著者によれば、伝統的なＭＢＡ教育は、会社経営の経験がない二〇代の若者に分析や技術的手法だけを教育し、それだけで経営ができるとの誤った考えを植えつけ、その結果、企業が経営力の強化ではなく株価至上主義に走り、現実の経営にゆがみが生じている。このような教育はペテンであるとする。教授の薦める効果的な経営者教育は、経営を実際に担っている中堅マネージャーがその経験を持ち寄り、そこから実践的に経営の技や技能を学ぶところにあるとする。ミンツバーグ教授が中心となって、企業派遣の三五～四五歳の中堅マネージャーの経営者教育を行うために、一九九六年からＩＮＳＥＡＤなどと共同で進めたインターナショナル・マスタープログラム（当初日本から一橋大学、神戸大学が協力し松下、富士通が参加、現在は横浜国立大学がパートナーとなり続いている）を実例にあげながら、学界と実業界が密接に協力して「教育し」「訓練し」「実践する」経営者教育の有効性を論じている。

経営者教育は、ビジネススクールのような外部教育と企業内教育が補完し合うことで、その有効性を発揮する。その意味で、少し古いが野村マネジメント・スクールが米国の企業改革のなかでのツールとしての経営者教育の実態をまとめた『**企業変革と経営者教育**』を併読すれば、問題の所在が明確になる。

このような米国での経営者教育の議論に比べると、日本の現状はお粗末だ。大学はもちろん企業側にも大学院レベルの経営者教育に何を求めるかの確固たる問題意識はないようだ。企業経営を理解しているとは思えない文部科学省は、ロースクールとビジネススクールを一緒くたにして「専門職」大学院と位置づけている。結果として『ＭＢＡコース』を自称する大学院に、社内競争から外れたサラリーマンや、大学を出て就職もしない層が、ここを出ればなんらかの専門職（プロフェッショナル）になれるのではないか、という幻想を抱いて集まっている節もみられる。日本では経営者教育を誰がどのように担い、ＭＢＡコースでは何を目的として誰のためにどのようにして教育するのかを明確にしていく必要があろう。

（「ＣＦＯ ＦＯＲＵＭ」二〇〇四年一二月一〇日）

§4-02

グローバル人材の誕生

・『Competing for Global Talent』
Christiane Kuptsch and Pang Eng Fong (International Labor Office, Geneva, 2006)
・『春宵十話』
岡潔（光文社文庫、２００６年（単行本の最初の出版は１９６３年））

二〇〇七年一月から三カ月間シンガポール・マネジメント大学（ＳＭＵ）に教育研究のため滞在した。シンガポールは二十数年ぶりで、まず目についたのは日本の金融機関の退潮ぶりだ。数が大幅に減っただけではなく、昔のようなアジア地域での大きな存在感がなくなった。私の授業「Management in Japan」の受講生に聞くと、誰も日本の銀行に就職しようという人はいない。現地の邦銀支店長や日本のメーカーの現法社長によると、日本企業は欧米多国籍企業にかなり遅れて、いまごろになって優秀な人材の獲得こそが競争優位の源泉だということに気づき、人材の集まるシンガポールを人事本部として、アジア各地の幹部候補人材の採用、訓練を集中させようとしている。

この間に、私の所属大学（立命館アジア太平洋大学：ＡＰＵ）にアジア諸国から留学していた学部卒業一期生たちと会うことができた。フィリピン人卒業生はマニラでＩＴ企業従業員に日本語を教える学校を設立した。日本の大手ＩＴ企業との打合せの合間に訪ねてきた。インドネシア人の卒業生はブルームバーグ東京支社からシドニー支社に転勤するので途中に立ち寄った。タイ人卒業生は欧州でＭＢＡをとり地場の商業銀行に勤めたが、多国籍エネルギー企業に転職することになり、休暇を兼ね訪ねてきた。マレーシア人卒業生はシンガポールで海外投資アドバイザーの仕事を始めた。現地で私の日常を世話してくれたシンガポール人卒業生は、大手不動産会社で日系企業事業用不動産仲介を担当している。在学時に銀座のベンチャー協議会で半年預かってもらった学生で、いまも起業機会を探っている。彼らから他の学生の消息を聞くと、ＡＰＵ創立時に何の実績もない日本の大学にリスクを冒して入学してきたアジアからの留学生たちが、いまでは国境を越えて転職・移動しながら活躍していることがわかる。

このようなことをＳＭＵのパン・エン・フォン学部長と話していたら、彼が編集した本『**Competing for Global Talent**』を紹介してくれた。シンガポールは国家戦略として、アジア諸国の優秀な人材の採用、訓練の拠点になろうとしている。そのような人材は希少価値で、グローバルな規模での多国籍企業や、国家間の人材獲得競争が起きているという。この本は、世界各地での頭脳獲得競争の現状をそれぞれの地域の専門家が調べた論文集であり、国家間競争の現状と日本の遅れがよくわかる。

そこで、われわれはこのような人材を「グローバル・ヒューマンタレント」と名づけて、その定義を検討してみた。そこでの基本要件は、英語を使用言語とした各専門分野の教育、グローバルな視野と経験、歴史的視野とアジアという地域特有の文化や伝統に対する理解、多様な人々の間でのコミュニケーション能力、どこの国に移動しても働けること、である。

これらの要件が整えば、アジアの若者は国籍を問わず貴重な人材として多国籍企業で高い所得を得ることができる。パン教授の話を聞くと、アジアでは単に欧米流の教育や英語を喋れることだけでなく、アジア諸国の価値や歴史の理解が重要であるという。それは、家族や地域社会をベースとした多様で異なる情緒や人の感情の理解力のようだ。

帰国して本屋をのぞいたら、昔読んだ数学者、岡潔の『**春宵十話**』が文庫本で再版されていた。岡は次のように語り始める。「人の中心は情緒である。情緒には民族の違いによって色々な色調のものがある。例えば春の野に様々な色どりの草花があるようなものである。数学はそのような情緒を外に表現することによって作り出す学問芸術の一つである」。わかりやすい日本語なので、ゼミの留学生たちに読ませようと思っている。

（「ＣＦＯ　ＦＯＲＵＭ」二〇〇七年六月一〇日）

§4-03

ＭＢＡ教育の曲がり角

・『Rethinking the MBA: Business Education at a Crossroads』Srikant M. Datar, David A. Garvin, and Patrick G. Cullen（Harvard Business School Press, 2010）

二〇一〇年の夏もシカゴのデポール大学の夜間ＭＢＡコースで社会人を教えている。〇八年九月のリーマン危機以降二年になるのに、景気はさっぱり明るさをみせず、失業者も九％台で高止まり。同僚の教授たちに聞いても、消費や景気の先行きに悲観的な話が多い。私のクラスの一九人の社会人学生の三割が失業者で、ＭＢＡ取得後も仕事が見つかるか不安に思っている。金融危機で年金資金を失ったベビーブーマーが退職を延ばしているしわ寄せが、若い人たちの就職難につながっている。

書店の経済書のコーナーには資本主義の将来に対する疑問や、短期利益追求の企業行動に対する反省の書など、悲観的な本が多い。そのなかで、ＭＢＡの現状を反省し、将来の方向を語る良書があったので紹介したい。

『Rethinking the MBA』の著者の三人の教授たちを中心とする、ＭＢＡ教育を見直そうというハーバード・ビジネススクール（ＨＢＳ）のプロジェクトは、〇七年に始まった。ビジネス環境の大きな変化にビジネス教育が取り残されているのではないか、グローバリゼーションとリーダーシップの挑戦にどう対応し、そのなかでいかに自己を確立したイノベーションの主体となる人材を育てるのかという問題意識が、その背景にあった。

そこで、著者たちは米国の上位ＭＢＡコースのカリキュラム・データを集め、主要校の学長などにインタビューを行い、問題点と変化の方向を探った。その成果は、〇八年半ば一〇〇周年を迎えたＨＢＳで、多くの教員を集めた検討会で披露された。さらに、直後の金融危機をふまえ、なぜＭＢＡ教育がリスクや危機対応に役に立たなかったのかという反省を加えて、追加のヒアリングを行い、この本にまとめている。

ＭＢＡ教育の曲がり角という副題をもつ本だけに、現在のＭＢＡ教育の不足や弱点を真摯に反省し、学生や採用企業からの不満に耳を傾けて、学生により大きな付加価値を与えるＭＢＡ教育を目指すための具体的な提言が書かれている。要点は次のようにまとめられる。

知識（knowing）に重点を置く従来の教育から、より実践（doing）やあり方（being）にバランスを置いた教育へ――つまり、事実、枠組み、理論といった知識に偏った教育ではなく、経営のスキル、能力、技術の展開を図る実践的教育に重点を置き、経営管理者の世界観やプロフェッショナルな存在意義を形成する価値や信念、態度といったことに着目したカリキュラムをつくっていくことの重要性である。

この本の後半で紹介されるハーバード、イェール、スタンフォード、ＩＮＳＥＡＤなどの一流校の事例では、いずれもビジネスの実践を経験するアクション・ラーニングやリーダーシップ形成のためのチームワーク教育などが、すでにかなりカリキュラムのなかに取り入れられている。二〇〇〇年代に入り、米国の伝統的な二年間のフルタイムのＭＢＡコース志願者は減少傾向にあるのだが、トップ一〇校では学生数は減っていないのに対し、一五位から三〇位の中位校の学生数が激減している。デポール大学のＭＢＡ学科長とこの本の内容について議論したところ、上位校は十分な資源があるので、環境変化に適応した行動を先駆けてとっているのに対し、中位校以下になると十分な資源がなく、柔軟なカリキュラム対応などもできなくて、結局競争から脱落しているとのことであった。特に金融危機後は、優秀な学生が非営利的なキャリアに興味を持ち始めたことや、高騰した授業料と、報酬の高い金融機関へ職を得る機会が減ったことで、ＭＢＡ教育投資に見合うリターンが期待できなくなっていることが大きいという。この本を読むことで、環境変化に柔軟に対応しようとする一流ビジネススクールの具体的な最新の動きがよくわかるので、ＭＢＡ教育に興味がある皆さんにお勧めしたい。

（「ＣＦＯ ＦＯＲＵＭ」二〇一〇年九月一〇日）

§4-04

グローバル化と英語公用語化

・『International Business: The Challenges of Globalization (Seventh Edition)』John J. Wild and Kenneth L. Wild (Pearson, 2013)
・『国際経営（第三版）』吉原秀樹（有斐閣、２０１１年）

二〇一三年九月に新潟大学で開催された国際戦略経営研究学会で、戦略的人的資源管理をテーマとするパネル・セッションに招かれた。基調講演で大阪大学の関口倫紀教授（現京都大学経営管理大学院教授）は、「ＭＢＯ」「成果主義」等々、日本の人事管理にかかわるテーマがもてはやされては消えていく流行りものであることを、マスコミで取り上げられる度数を用いながら示した。現在「成果主義」にかわって流行となっているのが「グローバル化と英語の公用語化」だそうだ。つまり、日本企業の人事戦略が各企業の戦略の一環として考えられているのではなく、その時々の同業他社の動きや流行にとらわれたものであることを、関口教授は指摘している。続いて私は、日本の企業や大学のグローバル化への対応が、英語習得やＴＯＥＩＣの点数といった皮相的なものに収斂していく実態を紹介し、企業や大学はそれぞれのグローバル化戦略に適応した、独自の戦略的人事管理や人材養成の方策を考えることの重要性を指摘した。

考えてみると、日本は明治の昔から欧米で流行る経営手法などをありがたがり、それが欧米でどのような背景のもとで用いられているのかなど深く検討することなく導入してきた。また、世の中には、このような流行に乗ったハウツーものの経営書が満ちあふれている。いま企業人に必要なのは、日本と欧米の違いを理解するための歴史や文化などの教養の知識と、日本や欧米で蓄積された企業経営の研究成果の体系だった理解ではないだろうか。後者については、学者の書いた論文には一般の人には理解しにくいものが多いので、最新の研究成果をわかりやすく反映し、その分野の定番となった内外の大学のテキストを座右に置き、必要に応じて関連した章に目を通すのが一番ではないかと思う。

『International Business』は、七版を数える欧米の国際経営の代表的テキストである（二〇一三年最新版は第一〇版）。そこではグローバル化を「国民経済間の経済、文化、政治、技術の統合が拡大する動き」と定義し、国際ビジネスを行う企業が直面する最重要な所与の外部環境と位置づける。その所与の環境のもと、企業が海外の市場や顧客、政治などの状況や文化の相違を熟知したうえで、海外投資などの戦略を立てそれを実行することが述べられる。最後の章で、国際人事管理について触れ、各社の戦略に応じた、自社、ローカル、第三国人材の組合せ方や、国際人材をどのように採用し、訓練し、派遣し、管理するかが説明される。グローバルな管理者の要件としては、異文化の理解が最重要なものとして取り上げられ、そのためのローカル言語の習得の重要性にも触れられている。

『国際経営（第三版）』は日本の大学でよく使われる国際経営のテキストである（最新版は二〇一一年第五版）。この本の特徴は、日本企業の海外経営のさまざまな問題に焦点を当てていることにある。著者は、これまでの日本企業の国際化は、本社に蓄積された（日本語での）知識をベースに、業務に習熟した日本人社員を海外に送り経営させるという本社集権化の方法でうまく乗り切ってきたとする。しかし、グローバル化が進むなかで、日本企業は現地市場への適応の困難、意思決定の遅れ、優秀なローカル人材の活用の阻害などの問題点が大きくなっていることを指摘する。この問題の解決のためには、英語というグローバルビジネスの共通言語を用いたマネジメントに変化するとともに、その程度が各企業の戦略に応じたものである必要性を付け加える。

このようにみてくると、「グローバル化」とは企業が否応なく置かれた環境であり、「英語の公用語化」については、各社が置かれた経営環境、企業戦略や国際人事戦略の相違に応じて、それぞれが独自に検討する課題であることが理解できる。

（「ＣＦＯ ＦＯＲＵＭ」二〇一三年一二月一〇日）

§4-05

文系教育は不要になったのか

・『「文系学部廃止」の衝撃』
吉見俊哉（集英社新書、２０１６年）
・『The Intellectual Venture Capitalist: John H. McArthur and the Work of the Harvard Business School, 1980-1995』
Thomas K. McCraw & Jeffrey L. Cruikshank（Harvard Business School Press, 1999）

教員養成系学部や大学院の見直しを意図した、二〇一五年六月の文部科学大臣通知『国立大学法人等の組織および業務の見直し』が、「人文社会科学系」全般の見直しと誤解され、マスコミが「文系学部廃止」報道騒動を引き起こしたのはまだ記憶に新しい。読者の多くは文系学部の出身と推察されるが、自身の体験から大学教育について思うところがある方もおられるだろう。そこで文系大学教育の現場から改革を提言し実行してきた教育者たちの著作のなかから、この問題を考えるのに格好の日米の二冊の本を紹介したい。

『「文系学部廃止」の衝撃』は、日本を代表する社会学者の一人で、東京大学副学長として大学改革にもかかわった著者が、文系教育の位置づけとその未来へ向けての役割を見直した、新書版の読みやすい大学改革論である。著者は文系教育を、長期的視点で世界を理解するのに役立つ思考の枠組み（パラダイム）を身につけさせる教育と位置づける。たとえばコペルニクスについて、地動説を唱えた天文学者としてではなく、世界をみるパラダイムを転換させた巨大な文系の知をもつ学者であったと位置づけ、そのようなパラダイムを転換させる学問としての文系教育の有用性を指摘する。

そこでは、既存の学問を批判する方法をアクティブな議論を通じて身につけるような学習が、その後のパラダイムの転換につながるとされる。すなわち、環境が激変し多様性が進むなかで、ハードな知識の習得に偏重することなく、議論の方法や論文の書き方などのソフトスキルの習得を通じ、人々が人生の途上で新たな人生に取り組もうとする際に役に立つ思考の方法を身につける文系教育を著者は推奨している。

私も、二〇年近く文系教育に携わり、旧態依然とした講義や輪読中心の教育がいまだに行われていることには問題があると考えている。留学生や社会人を含む多様なメンバーによるアクティブな議論や、共同作業を通じた論理や思考法の習得といったソフトスキルの習得こそが、生涯続く学びへの基礎となることを実感している。

『The Intellectual Venture Capitalist』は、ハーバード・ビジネススクール学長を一九八〇年から九五年まで務め、さまざまな企業家的な試みによって、社会に必要とされる経営リーダー教育の現在のかたちをつくり上げた、ジョン・マッカーサー教授の偉業をたたえて、九六年秋に三日連続で行われたシンポジウムの記録をまとめたものである。

世界のビジネス教育をリードしてきたハーバード・ビジネススクールも、教育やビジネス環境の変化とともに、大きな変革を要請される時期が何度もあった。なかでも実行力のある経営リーダーがより必要とされるようになった環境下での、マッカーサー学長の改革は特筆に価する。そこで彼は、ＩＴ、グローバル化、企業家精神、リーダーシップを切り口に、従来の細分化された学問分野を境界を越えて統合し、教育と研究を実際のビジネスが直面する問題の解決の視点から一体化させ、そのために必要な人材や資源に集中的に投資を続けていった。

本書では、マッカーサー学長がベンチャー精神をもって特に力を入れた八つの改革プロジェクトの動きが、具体的にその実行にあたった責任者たちによって描かれている。八つのプロジェクトとは、「技術とオペレーション・マネジメント」「グローバル金融システム・プロジェクト」「競争と戦略グループ」「企業家マネジメント」「組織と市場」「サービス・プロフィット・チェーン研究」「倫理、組織とビジネススクール」「経営史」で、これらの各分野ごとの教育内容の改革がビジネス教育のパラダイムシフトともいえる長期的な視点で行われたことが語られる。市場資本主義に行き詰まりがみられるなかで、「市場と組織」をその原理から比較する研究プロジェクトや、「経営史」という日本では経済や経営学部でのリストラ科目の最初にあげられることが多い分野を、長期的な視点から重視する姿勢などは、今日のビジネス教育・研究の重要な視点を先取りして示唆していたといえる。

米国でもビジネススクール不要論は繰り返し語られてきた。最近では九〇年代以降、一流ビジネススクール出身者が虚業の投資銀行に殺到し、そこで儲け主義に走ったことが、金融危機を招いたと批判されている。しかし、このマッカーサー学長の改革を通じて教育プログラムの有効性が高まり、また社会的な価値を常に考えることで持続的なビジネスの視点を教育・研究に導入するなど、ビジネス教育の本質を考える際に重要なことがいくつも実行されている。われわれは二〇〇〇年に立命館アジア太平洋大学のＭＢＡコースを立ち上げるにあたり本書を参考にし、その後も折に触れて目を通している。本書はビジネス教育変革の基本的な考え方をわれわれの前に示す貴重な本である。

日米いずれも大学や大学院のレベルの文系教育はさまざまな課題を抱えているが、社会の変化や要請にあわせて教育・研究の不断の改革を進めていけば、それは長期的に役に立つものであることを、この二冊の本は示しているといえよう。

（「ＣＦＯ ＦＯＲＵＭ」二〇一六年八月一八日）

§4-06

ハーバード・ビジネススクールの功罪

- 『The Golden Passport: Harvard Business School, the Limits of Capitalism, and the Moral Failure of the MBA Elite』
  Duff McDonald（Harper Business, 2017）
- 『Why Wall Street Matters』
  William D. Cohan（Allen Lane, 2017）

二〇一七年前半の米国のビジネス書でよく読まれている洋書二冊を紹介したい。

『**The Golden Passport**』の著者ダフ・マクドナルドは、関係者への豊富な聞き取りと資料の探索により、テーマを事実に基づき掘り下げて調査報道のスタイルで表現することで知られるジャーナリストである。マクドナルドは、金融危機を生き延びたウォール街のリーダー、ＪＰモルガンのジェームズ・ダイモンＣＥＯの活躍を『Last Man Standing: The Ascent of Jamie Dimon and JPMorgan Chase』（〇九年）で描き、最近ではコンサルティング会社マッキンゼーの内幕を『The Firm:The Story of McKinsey and its Secret Influence on American Business』（一三年）で活写して、ともにベストセラーになっている。

『**The Golden Passport**』では、資本主義を支えるエリート経営層の養成校であるハーバード・ビジネススクール（ＨＢＳ）の一九〇八年の創設時から現在までの歴史について、その背景となる資本主義環境の変遷とともに教育方針や教育内容がどのように変化し、どのような人材を提供してきたかを豊富な資料で詳しく描いており、実践的なビジネス教育に関心をもつものにとって、興味深くかつ役に立つ内容になっている。

著者によれば、ＨＢＳのビジネス教育は、第二次世界大戦前は科学的管理法を学問的に完成することで合理的な大企業の管理に貢献するマネジメント層を輩出し、戦時中は数理的統計法を戦争の戦略に応用することでその後の戦略論の発展を助け、戦後はグローバル化に対応するカリキュラムの改編で大企業の国際戦略等をリードするような人材を輩出した。その結果、いまや二万七〇〇〇人を超えるその卒業生は、フォーチュン五〇〇社のマネジメント層に全米のビジネススクール中で断然トップの人数を送り込み、米国の資本主義をマネジメントの立場から支えている。その教室での教育手法は一貫して、具体的なケースをもとに課題を明らかにし、その解決法を考えることで、経営者としての能力を育てるものであった。

米国資本主義に経営エリートを輩出するHBSの重要な役割は、その設立時の「ビジネス上の課題を社会的に建設的な方法で解決する経営者を養成する」という理念に支えられていた。ところがそれが八〇年代以降変質してしまったことを著者は批判する。八〇年代HBSのカリキュラム改革をリードしたジョン・マッカーサー学長は、マイケル・ジェンセン教授を招聘した。株主第一主義者のジェンセン教授は、経営者は株主のエージェントであるという「エージェンシー理論」を金融理論として広めた。その影響で卒業生の多くが就職先を産業界からウォール街の高給の投資銀行等に変えた。そして、HBSの教育が、道徳をもたない利益第一主義の卒業生を生み出し、さらには経営者の株価に基づく報酬インセンティブなどを通じて金融資本主義の行き過ぎを助長し、二〇〇八年の金融危機に至る米国の資本主義の道を誤らせるのに寄与したと、著者は主張する。

マッカーサー学長の改革については、著書『The Intellectual Venture Capitalist』を§4－05で取り上げた。その改革はイノベーション関連科目の導入など、さまざまな新たなビジネスの研究教育に貢献している。また、HBSの卒業生で金融界に進んだ人のなかには、儲け第一主義ではない人々も多くおり、以下に述べるようにウォール街の役割は引き続き大きいので、私は著者の主張には必ずしも与しないが、ビジネスの潮流と教育内容を対比しながらその歴史を詳しく描いており、よい本だと思った。

『**Why Wall Street Matters**』の著者ウィリアム・D・コーハンは、いくつかの投資銀行勤務を経て金融関連のノンフィクション作家になった。一九七〇年代に有名な投資銀行家フェリックス・ロハティンなどを擁したラザール・フレールの興隆を描いた『The Last Tycoons: The Secret History of

Lazard Frères & Co.』（二〇〇七年）でデビューし、ベア・スターンズの金融危機での倒産劇を描きベストセラーになった『House of Cards: How Wall Street's Gamblers Broke Capitalism』（〇九年）、ゴールドマン・サックスの金融危機を生き延びた有能なパートナーたちの内幕を描いた『Money and Power: How Goldman Sachs Came to Rule the World』（一一年）などでウォール街のプレーヤーたちの内幕をわかりやすく描いている。

新著『Why Wall Street Matters』でも、ウォール街の発展の歴史とその役割の変遷をわかりやすく描く。米国の主要産業である金融業はウォール街の発展とともにある。ウォール街はそれまで金融にアクセスできなかった人々や企業に新たな資金調達手段を開発し、資金の余裕がある人に新たな投資機会を提供することで、さまざまなイノベーションを起こし、経済の発展に寄与してきている。ところが、二〇〇八年の金融危機以降の過度の金融規制は、そのような金融市場の自由な活動と発展を阻害し、経済全体を低迷に陥らせている。悪いのは、過度の利益に走るような報酬のインセンティブであり、ウォール街自体を悪ととらえるポピュリズムは捨てて、経済の発展に寄与する元のウォール街に戻そうというのが、著者の主張である。

私は、基本的にウォール街の役割はその害悪より大きいと考えている。そこには有能な若者をひきつける魅力があり、今後とも金融のイノベーションはウォール街を出発点として続くであろう。金融は産業や経済の発展の基盤であり、そのようなイノベーションは、これまでに金融の恩恵を受けられなかった人や企業にそれを可能にする。ブロックチェーンやフィンテックのような新たな技術の発展は、ウォール街の有能なプレーヤーと結びつくことで、金融の革新につながっていく。ウォール街は重要であり、歴史に学びながらその過ちを正し、その正当な役割を最新の状況を含めフォローする必要性は引き続き大きい。

（「ＣＦＯ ＦＯＲＵＭ」二〇一七年六月一五日）

§4-07

ビッグデータの時代に必要とされる職業

- 『Big Data: A Very Short Introduction』Dawn E. Holmes（Oxford University Press, 2018）
- 『データサイエンス入門』竹村彰道（岩波新書、２０１８年）

日本の大学は少子化のなか生き残りを目指し、これからどういう新しい学科や学部をつくるかを考えている。その際に参考にする指標の一つは米国で伸びている職業である。米国の週刊誌「ＵＳニュース」は毎年ベスト職業ランキングを発表している。年収、求職率とその伸びの見込み、昇進・昇給の可能性の三要素を総合して各職業をランクづけしているので、ランキング上位の職業はいま伸びている職業分野ということができる。最新のランキングでトップ一〇をみると、そのほとんどは医療関係であるが、技術職でソフトウエアの開発者、ビジネス職でスタティスティシャン（統計専門家）がトップ一〇に入っている。ビジネス分野に限定したランキングでみると、マーケットリサーチャー、会計士やフィナンシャルアドバイザー、ビジネス管理者などがベスト一〇に入っているが、そのなかでスタティスティシャンは断然他を引き離し一位になっている。

では、いま米国のビジネス分野で注目されるスタティスティシャンとはどういう職業なのか。この職業はビッグデータを集め、分析し、解釈し、そしてそのセキュリティを考える職業である。全米の主要大学がこの専門家を養成するデータサイエンスの大学院や学部をつくっている。たとえばコロンビア大学では、データサイエンスの基礎、データサイエンスのためのコンピュータシステム、サイバーセキュリティ、データメディアと社会、金融とビジネス分析、医療分析、データの収集や圧縮、スマートシティ等の各分野のデータに関係する研究・教育を行うセンターをつくっている。

日本でも、大学院レベルでは旧帝大の数理統計部門に予算が重点配分されている。私の現在勤務する久留米大学でも医学研究科内に二〇〇三年から「バイオ統計センター（ライフ・サイエンスの研究対象全般を網羅する数理学的研究センター）」を開設して、修士課程と博士課程の学生を教育しており、修了生は医療関係だけではなくビッグデータを扱うさまざまな分野で引っ張りだことなっている。学部レベルでも滋賀大学が一七年四月、横浜市立大学が一八年四月にそれぞれデータサイエンス学部を開設し、その後わが国でも関連学部や学科の新設や改組がブームとなっている。

このように、ビッグデータを扱うデータサイエンスの分野は大学教育のなかでも脚光を浴びているのだが、われわれ一般の文系人はビッグデータの定義やデータサイエンスという学問が具体的に何を扱うのか十分に理解しているとは言い難い。そこで、普通の文系のビジネス人にもこの職業が扱う専門分野について理解できる入門書を日米で探してみた。

『**Big Data**』は、先端の分野を網羅的にわかりやすく解説することで定評のある、オックスフォード大学の「A Very Short Introduction」シリーズの一冊である。著者はカリフォルニア大学サンタバーバラ校のバイオ統計やデータマイニングの分野の研究者である。一〇〇ページほどの小冊子に有益な実例と理論的解説が展開されている。ビッグデータとは多量、多様（性）、速い流通速度、正確性の四点で特徴づけられ、従来の統計学の対象となった構造化されたデータに加え、映像やSNSの会話等の非構造的なデータを含むものである。著者はビッグデータを扱う統計理論をわかりやすく解説する。ビッグデータ統計分析の手法、データマイニング、データの解釈の方法、データセキュリティの原則や倫理の問題等が、カード詐欺、アマゾンやネットフリックスのレコメンデーション・システム、グーグルの検索履歴からインフルエンザの流行予測の仕組みをつくる試み、スノーデンの米政府機関による情報収集の暴露やウィキリークスの機密情報公開事案などの具体的事例と結びつけて語られている。アルゴリズムやデータ圧縮の理論など一部難解なところもあるが、データサイエンスの現状を理論と実例で俯瞰するのにコンパクトでよくまとまっている。

『**データサイエンス入門**』は昨年新設された滋賀大学のデータサイエンス学部長に就任した統計学の専門家が、データサイエンス人材の養成の必要性を一般の人に理解してもらうために書いた入門書である。ビッグデータの時代の環境変化に始まり、データと統計の基本的考え方を展開し、ビッグデータ時代のデータ処理や分析の問題を概説している。データには誤差や間違いがつきもので、データは万能でないし、ＡＩも定型的なデータ処理はできるが判断業務には十分でないことを指摘する。そこで、データの性質をよく理解したうえで、データから有益な情報を引き出すデータサイエンティストがいかに重要であるかを述べている。

私たちはビッグデータやデータサイエンスの語を日常的に目にするが、その定義や内容を深く考えることは少ない。ビジネス分野でビッグデータを扱う職業が脚光を浴びるなかで、この分野の最新の動向を理論と実例でわかりやすく書いた入門書を読むことで、なぜデータサイエンスの専門家が必要とされるのかを理解することができる。

（「ＣＦＯ ＦＯＲＵＭ」二〇一八年六月一五日）

§4-08

生命科学研究の闇

・『Bad Blood: Secrets and Lies in a Silicon Valley Startup』John Carreyrou（Alfred A. Knopf, 2018）（邦訳：『BAD BLOODシリコンバレー最大の捏造スキャンダル　全真相』集英社、2021年）
・『生命科学クライシス―新薬開発の危ない現場』リチャード・ハリス著、寺町朋子訳（白揚社、2019年）
・『研究不正―科学者の捏造、改竄、盗用』黒木登志夫（中公新書、2016年）

私は医学部をもつ大学で研究教育担当の役員を務めるなかで、一般に生命医科学の分野では研究倫理や研究不正の問題が他の科学分野よりも多いことに気がついた。そこで、なぜこのような問題が起きるのかに興味をもち、日米の一般書で参考になるものを探してみた。

『**Bad Blood**』は、二〇一八年度「FT/Mckinsey Business Book of the Year Award」に選定されたベストセラーで、「ウォールストリート・ジャーナル」のピューリッツアー賞受賞敏腕記者の著者が、バイオベンチャー詐欺師ともいえる女性経営者を追い詰めていく調査報道の傑作だ。

本書の主人公のセラノス社CEOエリザベス・ホームズは、少女時代から一獲千金を夢見て起業家になることを夢見ており、学長奨学金を得て優秀な成績でスタンフォード大学の化学工学科に入学する。〇三年、一九歳のときに、画期的な血液診断技術のアイデアを考案し、大学を中退してバイオ技術ベンチャーをシリコンバレーに設立する。スティーブ・ジョブズばりの黒のタートルネックに身を包み、カリスマ的な言動で、キッシンジャーやシュルツ元国務長官などの大物を取締役に迎える。指先一滴の採血データがあれば、即座にそれを分析し、二〇〇種に及ぶ病気診断をすぐに提供できる革命的な血液検査機器を開発したと称し、ラリー・エリソン、ティム・ドレーパー、ルパート・マードックなどの著名投資家から七億ドルもの資金調達に成功する。一三年には大手ドラッグストアのウォルグリーンとも提携し、一五年の最盛期には企業価値評価額が九〇億ドルにも達し、女性起業家率いるヘルスケア分野の革新的スタートアップともてはやされた。

カレイロー記者は、同社の発明が組織的な研究データのねつ造・改ざんによるものだとの内部告発を受け、元従業員などからの聞き取り調査を進めて、一五年一〇月六日付の「ウォールストリート・ジャーナル」一面に不正の特ダネを掲載した。セラノス社はSECや投資家からの訴訟などを受け、実用化された血液診断の技術は存在しないことが明らかになり、同社は一八年に解散するに至る。

アイデアを妄信するカリスマ起業家の独裁経営と、都合の悪い問題の組織的隠ぺい、見栄えのする若手女性起業家をもてはやすマスコミ、発見の再現チェックを十分に行わない生命医科学分野の研究文化といった問題が複合的に重なって、著名人まで巻き込む詐欺事件になったと考えられる。

『**生命科学クライシス**』の原書は、一七年度米国の科学誌が選ぶベスト科学書の一つになった良書だ。二一世紀に入り、医療関係のビッグデータが利用可能になり巨額の研究費が投入されているにもかかわらず、生命医科学分野の研究の生産性は低下している。その要因には、厳密性を欠き、間違った結果を発表する問題があることを、科学ジャーナリストの著者が多くの関係者の取材等で明らかにしている。

著者によれば、米国では年間三〇〇億ドルの研究資金が生命医科学分野に投じられているが、その研究の過半について結果が再現不可能であるとされる。そこには、研究の設計の誤り、お粗末な実験計画、間違った細胞の利用、人間に適用できない動物実験モデル、杜撰なデータの扱い等々の問題があることを、著者は具体的に明らかにする。厳密な科学研究の手続きを踏んでいないために、製薬企業等が追試しようとしてもほとんどの研究結果が再現できない。その結果、この分野の研究は停滞し、新薬の開発費も激増している。著者はこの背景に、研究資金の獲得競争や、インパクトファクター（論文の被引用回数で数値化された雑誌の影響力）の大きな一流誌に論文を掲載する競争で、多少真実を曲げても世間の目を引く斬新な研究結果を出そうとする、研究者の間違ったインセンティブがあることをあげている。このような問題に対処するため、研究デザインやデータの透明性を高め、実験作業を標準化し、データ解析に専門家を起用することで研究の厳密性を増すとともに、研究者の間違ったインセンティブを正すことを著者は提案している。

この本の巻末の解説で大阪大学の生命科学研究者の篠原彰教授は、日本の生命医科学研究の実情について、研究のデザインや結果の解析などの研究の厳密性に対するわが国研究者の意識は低く、本書に書かれた米国の状況よりさらにお粗末であると述べている。

振り返ってみると、日本は生命医科学分野の論文の撤回数が世界で最も多いとされ、最近のＳＴＡＰ

細胞やノバルティス社のディオパン事件でのデータねつ造は新聞等をにぎわせた。おそらく、研究不正まではいかないが、『生命科学クライシス』であげられたような再現が不可能な研究も皆無ではないと想像される。

『研究不正』では、著名ながん細胞の研究者で東大医科学研教授から岐阜大学長を務めた著者が、日本の自然科学のノーベル賞受賞者数が米国に次ぐ一方で、その陰の側面として最近のわが国の生命医科学分野での研究不正が量と質的悪質さで世界の注目を集めているという問題意識から、これまでの世界の主要な研究不正事件の事例を紹介し、その原因を探っている。

著者は、不正論文が生命医科学分野に圧倒的に多い理由について、研究が具体的な病気の現象から入り、理論化やデータの数式化が少なく、主観的な現象の説明に終わり、実験の再現性が低い生命医科学の特性に求める。そのうえでこれらの研究不正の大きな割合を日本の研究者が占めることについては、臨床研究の中心である医学部が教育、診療で忙しいなかで、論文発表、評価、研究資金獲得の圧力が大きくなっていることを指摘する。縦割り組織での組織ぐるみのねつ造、隠ぺいといった点で、研究不正と企業不祥事との間に共通点がみられることにも言及する。さらに、マスコミの科学知識が不十分で、生命医科学上の新発見を十分な批判的検討もなく取り上げていることや、研究不正自体の研究が諸外国に比べて少ないことを日本の特徴としている。研究不正を防ぐための妙案はないとしたうえで、研究者に誠実で責任のある研究を自覚させるような研究倫理教育の重要性と、研究組織の風通しをよくすることを対策としてあげている。

この三冊を読んで考えたのは、世界の生命医科学研究がすでに飽和点に達しており、難病の特効薬などは革新的なスタートアップ企業の成功確率と同様に、千三つ（センミツ）の世界になってきているということである。特に日本の医学研究の現状は、往々にしてデータの厳密性を欠く面があることに加え、これを外部から監視し一般の人に問題を伝える科学ジャーナリズムについても米国と比べて遅れていることを痛感した。

（「CFO FORUM」二〇一九年一一月一五日）

§4-09 ジェンダーギャップ

・『Invisible Women: Exposing Data Bias in a World Designed for Men』Caroline Criado Perez（Chatto & Windus, 2019）
・『女子の選択』橘木俊詔（東洋経済新報社、2020年）

世界の企業にとり女性の登用と活躍推進は経営の大きなテーマとなっている。二〇一九年一二月四日に発表された「FT/McKinsey Business Book of the Year Award 2019」は、働く場での女性差別を、女性の実態を示さないさまざまなデータのバイアスで明らかにした『**Invisible Women**』に贈られた。本書はほかにもいくつかの賞を得ており、話題になっているようなので紹介したい。

著者は三九歳の英国のジャーナリストで、有名なフェミニスト活動家である。本書では、英米だけではなく世界中の、主として働く場での男女格差に関するデータを四〇〇ページ以上にわたって詳細に検討し、人類の歴史は男性標準の歴史であり、人類の半分を占める女性は標準から外れた存在としてさまざまなデータから除外されてきており、ビッグデータの時代に入っても依然としてデータは男性中心になっていることを明らかにしている。

具体的にみてみよう。本書の内容は「日常生活」「働く場」「設計」「医療」「公共計画」の五部に分かれており、最後に問題の解決策を提示する。「日常生活」については、男性の時間配分は仕事と余暇に二分されるが、女性は対価が支払われない多様多種な家事を負わされているためにその活動実態がデータに反映されないことが多い。その結果、女性は日常的にデータよりも多くのリスクにさらされていることを、公共交通機関や公共トイレなどの事例をあげて検証する。「働く場」においても、データに表れない家事労働の負担が反映されないため、職場のルールや規制が男性中心の発想で設計されていることや、また、あたかも男女平等にみえる実力主義が、実は男性標準の制度となっていることなどが紹介される。「設計」と「公共計画」については、多くの施設が男性の身長六フィート（約一八三センチ）の標準モデルをベースに設計されており、これを女性の身体でも使いやすいように設計し直す必要性がある。同様に多くの器具が男性にあわせて設計されており、女性にフレンドリーな器具の必要が説かれる。「医療」に関しても、薬品の処方が男性標準で女性には過多になっていることなどもデータで示される。

このように本書では、世界中で人口の半分を占める女性の働きが、データに適正に反映されず、さまざまなところで目にみえぬ障壁となって女性活躍の壁となっていることが、多くの事例で示されている。最後に著者は、この現状を変えるには、あらゆる分野で女性の参画を増やすことにより女性の視点を入れ、男性の知恵だけでは半分しか解決できない世界の問題を解決し、人類の進歩に役立てるべきと提案している。

わが国での女性の活躍は後れている。世界経済フォーラム（WEF）は一九年一二月、各国の男女共同参画に関する状況を分析した「Global Gender Gap Report 2019」のなかで一九年版「ジェンダーギャップ指数（Gender Gap Index：GGI）」を公表した。対象の世界一五三カ国中日本は一二一位で、中国の一〇六位、韓国の一〇八位より低い。

『女子の選択』は、労働経済が専門の橘木教授がわが国の女性の就業に関して分析した著書である。著者は、女性がライフサイクルのなかで仕事と家庭の選択を行うことを前提に、どのような働き方で女性がよりよい人生を得られるのかを、女性側の選択の自由を前提にしてさまざまなデータで示している。『Invisible Women』がジェンダー格差をなくして平等な立場を目指すのに対し、『女子の選択』はある程度の格差は前提として、そのなかでより幸福な働き方を検討しているといってよい。

著者によれば、日本の女子の大学進学率は五〇％を超え、就業率も七〇％以上と先進国に近づいているが、結婚・出産による退職のM字型カーブがまだ残り、就業率の男女格差は大きい。総合職に就く女性の比率は増加しているものの、まだ採用者の二二％（一四年）に過ぎず、しかも二〇年のスパンでみると八割が中途で退職しており、管理職の女性比率は先進国中最低のレベルで、総合職の平均賃金も男性に比べ低い。女性が働けば働くほど、男性と比べて満足度が低下するデータも示す。著者は女性の就業率を高めるとともに、その賃金を引き上げることが重要な課題であり、女性が総合職ではなく専門職を目指してそのキャリアを定めることが、働くことの幸福につながることを本書で主張している。本書の後半では、高ランクから中堅までの大学の特色について率直に批評した女子学生向けの大学案内を展開している。東洋経済新報社から出版された本書は、これから大学に進む女子を子供にもつ企業管理職層を読者に想定しているのかもしれない。

今後労働力不足が急速に進むわが国にあって、働く場における男女格差の是正は喫緊の課題である。企業経営者や管理職は、『女子の選択』のような本で日本の遅れた現状を認識するだけでなく、世界のビジネス界で話題となっている『Invisible Women』のような世界の先端での議論にも目を向けて、ジェンダーギャップに関する意識改革を進めていくべきであろう。

（「ＣＦＯ ＦＯＲＵＭ」二〇二〇年三月一六日）

§4-10

コロナ後の大学教育の行方

・『大学は何処へ　未来への設計』
吉見俊哉（岩波新書、２０２１年）
・『Building the International University: Minerva and the Future of Higher Education』
Stephen M. Kosslyn & Ben Nelson（The MIT Press, 2017）

高等教育機関の質は国の将来を導く重要な指標である。グローバル化が進むなかで日本の大学はシンガポールや香港だけでなく、中国の大学と比べても大きく後れを取ってしまった。定評ある英国の教育誌「ＴＨＥ（タイムズ・ハイヤー・エデュケーション）」のアジア大学ランキング上位二〇校をみると、日本の大学は二〇一三年には一位の東京大学をはじめ、京都、東京工業、東北、大阪の五大学がランク入りしていたのだが、二一年には軒並みランクを落として六位の東京大学と一〇位の京都大学の二校だけになっている。これに対して一三年に四位の北京大学をはじめ三校ランク入りしていた中国は、二一年には軒並みランクを上げ、一位の清華大学、二位の北京大学をはじめ七校がランク入りしている（表参照）。

『**大学は何処へ　未来への設計**』は著名な社会学者の著者が、昭和から続く変わらない制度や仕組みが、グローバル化のなかでの日本の大学のさまざまな問題につながっているとして、その課題とコロナ

THEアジア大学ランキングTOP20－2021、2013

順位	2021	2013
1	清華大学	東京大学
2	北京大学	シンガポール国立大学
3	シンガポール国立大学	香港大学
4	香港大学	北京大学
5	南洋工科大学	浦項工科大学
6	東京大学	清華大学
7	香港中文大学	京都大学
8	香港科技大学	ソウル国立大学
9	ソウル国立大学	香港科技大学
10	京都大学	KAIST（韓国先端技術院）
11	復旦大学	南洋工科大学
12	浙江大学	香港中文大学
13	KAIST（韓国先端技術院）	東京工業大学
14	成均館大学	台湾国立大学
15	中国科学技術大学	東北大学
16	上海交通大学	大阪大学
17	南京大学	香港城市大学
18	浦項工科大学	延世大学
19	香港城市大学	成均館大学
20	台湾国立大学	復旦大学

出典：「THE（Time Higher Education）Asia University Rankings 2013 & 2021」より筆者作成。

後の行方を展望している。

著者によれば、ユニバーシティとは欧州中世の知的専門家たちが世俗権力を超えて都市を移動しながらつくる自由で創造的な空間であった。二〇世紀に入りグローバル化を背景に国境を越えた人や情報の自由な移動により、ユニバーシティの動きが再び加速されたとする。コロナ禍はいったんそのような動きを止めたようにみえるが、この間のオンライン教育の全地球的な広がりは、知的専門家と学生の自由で創造的な空間であるユニバーシティへの「本家帰り」であると指摘する。

このような動きに取り残されているのが日本の大学である。新卒就社を目指す職業教育の単線化、リベラルアーツ教育の空洞化、縦割りの学部や研究科教授会の部分最適を目指す組織行動、既存の大学間序列を固定化する文部科学省の補助金政策等が相まって、疲弊する教員、ひっ迫する資金、低下する大学の国際的地位がもたらされているとする。

著者はユニバーシティとしての自由で創造的な空間の根本にある教員の時間を見直すことを提言する。コロナ禍でのオンライン教育の展開は、日本の大学を再生するのによい機会を与えているとして、二一世紀のユニバーシティのモデルにもなるミネルバ大学（米カリフォルニア州サンフランシスコ）の事例を紹介している。

『**Building the International University**』は、ミネルバ大学の創設とプログラムやカリキュラムの策定に参与した著者たちが、将来の大学としてのミネルバ大学の特徴を詳しく示しており、大学人のみならず、これからの高等教育に関心をもつビジネス界の人々にも参考になる。

そこでは「ミネルバ大学のビジョン、ミッションとその背景」「その具体的な教育法」「新たな組織の創造」が述べられる。大学の構想と教育内容の策定は、ハーバード大学等で学部長やプログラムの責任者を経験した教育者とシリコンバレーの企業家が共同で行っている。これまでの一流大学がホテルのような寮や巨大な校舎、スポーツ施設などに巨額の費用をつぎ込んで、教育コストを普通の家庭では負担できない高額のものにしてしまったことを反省する。教育の原点を「これまでの大学に入るチャンスのなかった多くの優れた学生に、低コストで、変化する世界に適応できる世界最高級の教育を授ける」ことに置く。そこでの学生の教育目標は、「批判的・創造的に思考し、効果的にコミュニケーションを図り、知識を応用して課題を解決できるコアコンピタンスを身につける」ことである。そのために世界中から多様で優秀な学生を集め、全寮制で初年度はサンフランシスコ、二年度はソウルとハイデラバード、三年度はベルリンとブエノスアイレス、四年度はロンドンと台北の各都市に住み、地域の課題をテーマに、オンラインで学んだ理論を適用したプロジェクト解決型の教育を行う。

オンライン授業は一クラス一八人の少人数で、反転学習の方法によりゼミ形式で討論を中心に行う。キャンパスをもたず、教員も教育に専念しているので、ハーバードなどのアイビーリーグの名門大学に比べ四分の一の学費および寮費しかかからない。「リベラルアーツ教育こそ実践に結びつく」として、リベラルアーツ中心のカリキュラムは詳しいシラバスにより共通化、体系化され、世界中から選抜された一流の教師が教育する。教育手法の統一を図るために、採用された教員は一定期間の研修を受けることになっている。

卒業後のキャリアについて「現在世界に存在していないような職について成功する、グローバルな視野をもつ人材を養成する」と書かれているところなど、この大学の人材養成に対する自信がうかがえる。ミネルバ大学はコロナ前の一四年に開設されて以降、世界中から多様で優秀な志願者を集め、合格率二%以下の超難関校になっている。世界の一流大学がコロナ禍でキャンパスや学生寮を閉鎖しているなか、特定のキャンパスをもたずに世界最高レベルの教育を受けた実践的人材を輩出するミネルバ大学は、二一世紀の世界の高等教育の一つのモデルを実現しているといえる。

日本でもコロナ後の大学教育を見直し、ミネルバ大学の事例にも学んで、文部科学省の指導のもとでの画一的な教育ではなく、これからの時代を先導する批判的・創造的な思考力と実践的なコミュニケーション力をもつ多様な人材を輩出していくような、独自性をもつ新たな高等教育の実現について考える必要がある。

（「ＣＦＯ ＦＯＲＵＭ」二〇二一年七月一六日）

Cinema④

米国の人気ドラマにみる組織のなかの個人の行動

- 『SUITS／スーツ』（原題：Suits）２０１１―２０１９年
- 『シリコンバレー』（原題：Silicon Valley）２０１４―２０１６年

戦後米国占領下の日本に生まれたわれわれ団塊の世代は、米国のテレビドラマで育った。解像度の低い一四インチの受像機の白黒画面で、米国三大テレビ局制作の連続ドラマ『ベンケーシー』の外科医や『サンセット77』の私立探偵、『ペリーメイスン』の弁護士などの活躍を毎週楽しみにみていた。いまではネット配信が一般化し、解像度の高い大型画面でも手元のアイフォンでも好きなときに最新の米国のドラマを楽しむことができる。映像ソフトの市場が地上波からケーブル、ＤＶＤ、ネット配信と急速に世界に広まる過程で、ドラマ制作にはアマゾンやネットフリックス等他業種から巨大資本が参入し、一流のプロデューサー、監督、脚本家やスターを起用し、大作映画並みの巨額の費用をかけたドラマが制作されるようになっている。

米国のドラマの主人公である外科医や刑事、弁護士たちは、病院や警察署、弁護士事務所といった組織で働くプロフェッショナルである。彼（女）らは各々の専門能力で組織に雇われているが、組織と一定の距離をとる自立した個人である。日本ではプロフェッショナルでさえも、組織のなかで共同体のメンバーとして個人プレーを避け、チームプレーを尊重する行動原理をとることが多い。これに対して米国のプロフェッショナルは、目的のため一時的に集まった組織集団のなかでメンバーが相互に信頼し合ったり裏切られたりしながらも、個々人の能力と集団の多様性を最大限生かし、組織としてきちんと成果を出していく。組織が誤った行動をとり、自分の意見が入れられなければ、信頼する仲間とともに組織を離脱する。

このような組織におけるプロフェッショナルの活躍を活写した最近の米国のヒットドラマを紹介したい。

『SUITS／スーツ』の舞台は、ニューヨークの民事弁護士事務所。腕利きの一匹狼弁護士とその若手アシスタントの二人のコンビを主人公に、優れたリーダーシップ能力を発揮するアフリカ系アメリカ人女性の事務所代表、プロフェッショナルな秘書とパラリーガル（法律事務職員）が主人公たちと強い信頼関係で結ばれ活躍する。彼（女）らが取り組む案件の多くは企業買収案件で、食うか食われるかの企業社会がドラマの背景にある。個人の能力は結果で評価され、高い評価には高い報酬で報われる。パートナーシップの弁護士事務所組織では、そこにパートナー同士の思惑と成果の分け前をめぐる争いがある。そこでは個人のエゴが最大限まで主張され、結果を出さないものは淘汰される。

余談だが、たまたま先日英国のハリー王子婚約・結婚のニュースをみていて、婚約者はどこかでみたことがある女性と思ったら、このドラマの好感のもてる人柄のパラリーガル役のレイチェル（メーガン・マークル）であった。

『シリコンバレー』は、シリコンバレーでの若者たちの成功と失敗の起業活動を描いたドラマである。起業メンバーはデータ圧縮技術を開発する個性的な仲間五人と、立ち上がりの家賃等を支援するインキュベーターで、会社立ち上げ時のエンジェルやベンチャーキャピタルとの虚実交えた交渉やそこでの葛藤、仲間の持ち株比率をめぐる争い、事業成功へ向けてのさまざまな挫折や苦労が喜劇調で描かれている。これをみればシリコンバレーにおけるハイテク起業活動とそのファイナンスの実態を学ぶことができる。創立メンバーの個々人はある種の専門オタクで、それぞれに自己の興味を追求し経営には不向きなので、企業の成長段階に応じて契約に基づき雇われるさまざまな専門家が登場してくる。関係者たちはそれぞれの意図でさまざまな行動をとるが、究極のところその行動はプロフェッショナルとしていかに自分を高く売れるかといった考えに動機づけられていることがよくわかる。
（「CFO FORUM」二〇一八年八月二〇日）

コメント

日本の高等教育の中身はこの二〇年さほど変わっていない。大学では政府の重点政策にあわせ、二〇年前は「グローバル人材の育成」が、現在は「文理融合」や「データサイエンス人材の育成」が流行語になっている。もっとも、これまで政府が打ち出した政策は、ロースクールに始まり、医療介護系の学部拡充、専門職大学院の強化など、成功しているとは言い難い。一方で、国立大学の運営経常費補助金は毎年減額され、選択と集中で特定の戦略分野に補助金を重点配分している。この特定補助金は通常三年ほどで切れるので、事業の継続性に問題がある。またこの結果、基礎研究がおろそかになり、大学教員はこれらの補助金申請や管理の手間のために、肝心の教育研究の時間が奪われているという批判もある。

高等教育機関の質は国の将来を導く重要な指標である。グローバル化が進むなかで日本の大学はアジア諸国の大学に比べても後れを取ってしまっている。ランキングがすべてというつもりはないが、定評のある「THE（タイムズ・ハイヤー・エデュケーション）」の世界大学ランキング（二〇二四年版）をみると、一〇〇位以内に入るアジア各国の大学数は、中国六校、香港五校、韓国三校、シンガポールと日本が東京大学と京都大学の二校だけとなっている。

日本の高等教育の何が問題なのだろうか。

私は一九九九年に教員に転じてまず、新設の立命館アジア太平洋大学でＭＢＡコースの立ち上げに参加した。その間、ＪＩＣＡ（国際協力機構）のプロジェクトでポーランド、ブルガリアに赴き社会人向けに、またシンガポール・マネジメント大学で学部学生向けに「日本の企業経営」を講義した。さらにシカゴのデポール大学の夜間ＭＢＡコースで、五年にわたり夏学期の集中講義「日本とアジアの経営」を担当した。国内でもソニー大学や大和証券のマネジメント・スクールで従業員研修を複数年担当した。欧・米・アジアで学生や社会人向けにビジネス関連の講義を行ったことになる。その後九州大学に移って留学生を交えたグローバル人材の教育にあたり、定年退職後は、昭和女子大学で新設されたグローバル・ビジネス学部の学部長として女子大生のキャリア教育に携わった。

このように、四半世紀の間、世界中でさまざまなビジネス教育に携わり、日本の教育方法にはよい面も悪い面もあることがわかってきた。悪い点としては、カリキュラムが体系化されておらず、また、教員も学生もグローバルな動きから取り残されていることだ。米国の優れたテキストを用いて日本企業の事例を材料に授業を行うと、日本も外国も学生の能力はそう変わらないことに気づく。違うのは個々人の積極性で、グループ学習を行わせると、むしろ日本の学生のほうが高い成果をみせることがあった。

一方、一四〇年を超える歴史をもつ米国のビジネス教育は、トップから底辺の大学まで多様なプログラムがあり、その中身は時代や環境に応じて柔軟に変化してきている。学生はキャリアアップのためにＭＢＡの取得が必要なので、それぞれの仕事のレベルにあったプログラムを探して教育投資を行う。約五〇〇校（国際的な認証機関ＡＡＣＳＢの認可校）あるといわれる米国のＭＢＡコースは、ハーバードやウォートンなどのトップ校から順に、教育投資に対するリターン（卒業後の報酬レベル）でランクづけされている。日本で有名なのは一部のトップ校だけである。ちなみに私が教えたデポール大学は中堅校に当たり、トップ校のように仕事を辞めてフルタイムで学校に通うほど教育投資効果は大きくないので、大半の学生は昼間働き、夜間に学校に通っていた。

この夏、ハーバードでMBAを取得して帰国した私の九州大学のゼミ生OBによれば、最近のハーバードのMBA卒業生はITなどの業界で自ら起業する者が多く、また社会に貢献する目的で社会起業家を目指す者が増えており、カリキュラムには「Inclusion（包摂性）」と称する新たな必修科目が入り、授業だけでなく日常生活すべてにおいても、多様な人種やメンバーを包摂して行動することが求められているという。多様性を受け入れる環境に日々身を置くことで、そこからこれまでにない革新的なアイデアが生まれ、組織が活性化するということのようだ。このようなところに、米国のトップ校のビジネス教育の活力を感じる。

日本の大企業では終身雇用の日本的慣行のなかでビジネス教育は従来社内で行われていた。MBAコースは最近増えているが（約五〇校あるといわれる）、AACSBの国際認証を受けているのは四校（慶應義塾大学、立命館アジア太平洋大学、名古屋商科大学、一橋大学）だけである。その他の多くの学校ではプログラムが必ずしも体系化されておらず、そこで教える実務家教員は必ずしも教育の訓練を受けているわけではないために、個人の経験談を語るような面が多くあるようだ。日本の企業はそのようなMBA教育をあまり評価しておらず、そもそも労働市場の流動性もまだまだ低いので、MBA教育がキャリアアップにはつながっていない。

米国でリカレント教育が話題になるようになったのは、一九七〇年代に入り新たな企業が興隆し、流動性の高い労働市場でキャリアアップの重要性が増すようになってからである。日本も二〇〇〇年代に入り、企業が再編を余儀なくされる時代になり、リカレント教育が注目されるようになっている。

いずれ日本的雇用慣行は維持できなくなり、労働市場が流動化せざるをえなくなる。そこで、日本のビジネスパーソンにもキャリアアップのチャンスが増え、米国流の体系化されたＭＢＡ教育が重要な役割を果たす日がくるかもしれない。日本の大学は流行に乗るのではなく、米国のビジネス教育の長短を十分に理解したうえで、日本の実情にあうようなビジネス教育の確立を目指して、主体的に改革を進めていく必要がある。

第5章

資本主義の行方

§5-01

和魂洋才

- 『日本的改革の探求―グローバル化への処方箋』
  小笠原泰（日本経済新聞出版、2003年）
- 『The New Financial Order: Risk in The 21st Century』
  Robert Shiller (Princeton University Press, 2003)
  （邦訳：田村勝省訳『新しい金融秩序―来るべき巨大リスクに備える』日本経済新聞出版、2004年）

夏目漱石は明治二三年（一八九〇年）、正岡子規に宛てた手紙で次のように書いている。
「……日本にそれほど好著のあるを打ち捨てて、わざわざ洋書にうつつを抜かし候事馬鹿馬鹿しき限りに候……」。

この書評連載は経営関連の洋書と和書を比較紹介することを目的としている。読者は、特に米国の経営書を深く読むにつれ、そこに書かれた内容が特殊な米国的制度や環境を背景に考えられたものであることに気づき、それをそのままカタカナ語にして紹介しありがたく奉る日本の経営コンサルタントや学者たちの言動に疑問をもつことが多くなってくるのではないだろうか。われわれは米国から輸入する経営の考え方の背後にある特異性を十分に理解しなければ、漱石のいう洋書にうつつを抜かすやからにすぎなくなる。

『**日本的改革の探求**』は、欧米企業で長年勤務した著者が、米国で一般に採用されている制度や仕組みが米国独自の思考のメカニズムをベースに確立されたもので、日本が参考にすべきものとは程遠いものであることを、ビジネス経験を交えて明らかにしていく。米国は相互契約に基づく信頼をベースとした現実主義的な理念社会であって、厳密な制度重視による迅速かつ明確な意思決定で不確実環境下のコスト最小化を目指す。著者は、日本が確実な環境下での運用の強みを基礎とする社会であり、米国型とはその社会の仕組みをまったく異とすることを強調する。日本が目指すのは、米国型の自律した個人ベースの成果主義の社会などではなく、現在の不確実な環境を日本が強みとする確実で長期的に安心ができる環境に変えていくものであるとし、日本のリーダーは現在の制度や仕組みを破壊するのではなく、不確実性を高めないようにすべきであると提案する。

『**The New Financial Order**』は、前著『根拠なき熱狂（Irrational Exuberance）』で、ＩＴバブルの崩壊をいち早く予言したイェール大学の著名な経済学者ロバート・シラー教授の近著である。金融理論の体系を用い、これまでのリスク論の体系を大きく変えるような長期的な経済リスクを担保する私的保険の仕組みを提起する。長期的な経済リスクとは、たとえば選択した職業が経済構造の変化により不要となり、金銭的な報酬が大幅に減少するようなリスクのことである。破壊的創造を宿命とする資本主義のもつ本質的なリスクを担保する保険ができれば、人々は安心して生活することができるとする。著者の考えは壮大で独創的である。その根本にあるのは、いかにして米国型資本主義の不確実性を社会全体の安心に変えていくかということにある。

考えてみれば、これまでの日本は、長期的取引、終身雇用、メインバンク制や地域の相互扶助などで大きな社会的リスクを担保し、安心社会を築いてきた。銀行や保険会社は絶対につぶれないということがこのような安心の基本であった。しかし現在の日本では、米国から輸入された経営や経済の考え方を無批判に導入し、営々と築き上げた安心社会を破壊して、不確実な環境のなかに人々を送り込もうとしている。それにかわる安心の仕組みがないことは、全体として人間の行動心理を非常に臆病でリスクをとらないものに変えてしまっている。一方の不確実で創造的破壊を原理とする米国社会では、著名な学者が社会全体の安全網を目指す壮大な私的保険の制度的な枠組みの考えを提示している。この二冊を読み比べて文頭に掲げた漱石の言葉が身にしみるのは私だけであろうか。

（「ＣＦＯ ＦＯＲＵＭ」二〇〇三年九月一〇日）

§5-02

退化する米国、進化する欧州

- 『The European Dream: How Europe's Vision of the Future is Quietly Eclipsing the American Dream』
Jeremy Rifkin（Polity Press, 2005）
- 『アメリカ型資本主義を嫌悪するヨーロッパ』
福島清彦（亜紀書房、２００６年）

私の勤務する立命館アジア太平洋大学には留学生が多く、英語で授業を行う。アジアからの多様な背景をもつ留学生に経済や経営をどのように教えるかは難題である。英語のテキストのほとんどは、経営の効率性を追求する米国で発達した理論と米国企業のケースを中心に書かれ、これをそのままアジアの学生に教えると違和感が残る。そこで、基本の経済や組織の理論は米国で発達したものによるが、ケースにはなるべく日本の企業を取り上げ、日米を比較相対化して教えるという方法が効果的と考え、実践してきた。しかしながら、典型的な日米の経営はいずれも各々独自に形成された制度や慣習が背景にあり、そのミクロの経営慣行やマクロ経済の枠組みがアジアの途上国にそのまま通用するとも思えない。

そのようななか、最近では、長い歴史と伝統をもち、人間や環境の価値に重点を置き、多極的な統合の道を探る欧州の経済や経営が注目を浴びている。拡大を続けるＥＵと欧州の資本主義は、宗教や地域経済統合の枠組みを超え、未来に広がる経済や経営の理念をわれわれに問いかけている。

『**The European Dream**』は、二〇〇六年のゼミで輪読に取り上げた本である。著者は行き過ぎた利益至上主義の結果行き詰まりをみせる米国社会に比べ、福祉と市民の重視を軸に多極的社会の統合を試みる欧州社会の夢こそ、相互依存を深めグローバル化を進める世界にとって理想的社会のモデルになるとする。米国は個人の力で成功を求める人々が集まり、富の蓄積競争と財産権の保護のための厳しいルールを定め、政府は最小限度の介入を行う機会平等の社会である。そこでは個人の物質的欲望の達成に重点が置かれるあまり、コミュニティは崩壊し、貧富の差は拡大し、多様性と危険とが隣り合わせの社会となってしまった。これに対し、多元性を基盤に、帰属できるコミュニティと持続的な経済の発展、生活の質といった人間的側面に焦点を当てる欧州社会の夢が、現在の世界では力をもってきているとする。このような著者の考えは、アジアの多様な背景で育った留学生にも共感を与えている。

『**アメリカ型資本主義を嫌悪するヨーロッパ**』は、マネーゲームを追求し資本主義を暴走させる米国と、普遍性のある理念と目標を掲げ多様な文化を尊重し社会的市場経済の道を歩もうと苦闘する欧州の現状を対比しながら、このテーマに関するさまざまな議論を要領よくまとめている。個人の自立とリスクテイクをベースとして市場と宗教原理主義の傾向を深める米国に対し、欧州は共生と調和を求め、市場と国家、市民をつなぐ信頼や規範を重視し、脱宗教世俗国家の道を選択した。ＥＵ憲法条約では、域内での多様な福祉国家づくりとさらなる統合、域外に対しては貧富の差の軽減と地球環境を保全しながら持続可能な発展を支援することが明記され、内政、外交の両面で米国の一極大国主義の思想に対置する考え方を示している。

これまでの日本の経営教育は米国型の市場原理主義のもとで鍛えられたＭＢＡ的なツールの紹介に偏りすぎており、個人に対置する組織、市民社会や国家の大きな枠組みを理解するような視点が欠落している。かつて日本のビジネスリーダーはマルクス経済学を学ぶことで、日常のビジネスと労働、国家や市民社会との相対化という思考の幅を与えられていた。多様性のなかに信頼や調和の伝統をもつアジアや日本のビジネスパーソンにとり、共生と調和を基盤に多極社会の統合を模索する欧州型資本主義の動向や考え方から学ぶ点は多い。

（「ＣＦＯ ＦＯＲＵＭ」二〇〇六年九月一〇日）

§5-03

経済発展と制度変化

- 『Understanding the Process of Economic Change』
  Douglass C. North（Princeton University Press, 2005）
  （邦訳：中林真幸訳『ダグラス・ノース制度原論』東洋経済新報社、２０１６年）
- 『途上国ニッポンの歩み』
  大野健一（有斐閣、２００５年）

日本はバブル破綻後の長い経済低迷期間を通じ、大きな経済諸制度の転換を進めてきた。それは従来の暗黙的な信頼に基づく長期の取引関係に依拠したものではなく、より明瞭なルールや取決めをベースとする米国型先行モデルへの転換のように思える。しかし子細にみれば、そこでは日本的な特質を残しつつ、既存モデルと先行モデル間の相互作用により企業や組織の選択肢を増やすかたちでの変化が進んでいる。

このような制度転換の方向を考える理論的基礎として、今回取り上げた二冊の本は実務家にも有益である。

『Understanding the Process of Economic Change』は、ノーベル賞経済史学者ダグラス・ノースによる経済発展のプロセスに関する最近の研究をまとめたものである。ノースによれば、経済発展はそれを支える諸制度の進化によってもたらされる。制度とは、公式、非公式のルールや取決めのことで、制度進化の一般的特徴は人々や社会の直面する不確実性の削減にあるとされる。ノースの枠組みに基づいて、たとえば金融制度の歴史的発展を考えてみよう。通貨の発明は物々交換の不確実性を、また、銀行の発達は資金需要者と供給者の間の情報の不確実性を、そして有限責任の株式会社と株式市場の発達は資本と経営の分離を通じ資本調達の不確実性を削減した。保険の発達はさまざまな不確実性をヘッジできる手段を提供した。このようにして、金融における不確実性はさまざまな制度の進化により予測可能なリスクに転化され、その結果経済の発展が達成された。その制度はさらにそれを支えるサブシステムの発達に支えられている。銀行制度の発達には、借り手に関する情報の問題を解決する担保を確保するための所有権制度の確立が必要で、株式市場の確立には取引のルール、それをモニターする仕組み、法律家や会計士などのプロフェッショナルの存在、取引費用の削減などが必要となる。

ノースはさらに制度の経路依存の問題を提起する。国によってはその歴史や文化が特定の制度の導入の妨げとなることがあるので、先行の制度を、その国の基層をなす歴史や文化に適合するように調整する必要が出る。その結果、制度には多様性が生じることになる。米国は過去の歴史や慣習をもたない特殊な国であり、それゆえ不確実性の削減の可能性を多くもち、諸制度がグローバルな基準になる一種の理想モデルのかたちで発展してきたといえよう。

『**途上国ニッポンの歩み**』は、途上国がその制度設計を行う際に参考とすべき国が日本であることを、途上国としての日本の近代化の歩みという独自の観点から描いた、開発経済学者大野健一による好著である。大野はこの本を、海外の途上国から日本に学ぶ若き官僚たちに日本の制度的適応を経済発展に沿う大きな流れで教えるためのテキストとして書いたという。日本の歴史過程では、国内で進行する教育や文化をベースとした制度的な熟成と、外国、特に西欧からもたらされた異質のシステムとの相互作用が進み、そこから経済発展のダイナミズムがもたらされていったとする。たとえば、江戸時代から積み上げられた藩校や寺子屋による教育は、西欧の近代哲学思想や科学技術導入の基盤となり、日本の伝統にあわせた制度の進化により明治の急速な近代化が可能となった。著者は、日本がさまざまな外的ショックに適応し、そこから新たな段階への制度転換が進むさまを、日本の近代化への翻訳的適応過程と位置づけ、具体的事例でそれをわかりやすく説明している。

（「ＣＦＯ ＦＯＲＵＭ」二〇〇六年九月一〇日）

§5-04

漱石に学ぶ
――貪欲な金融資本主義の問題

- 『私の個人主義』
  夏目漱石（講談社学術文庫、1978年（1924年講演））
- 『The Accidental Investment Banker: Inside the Decade That Transformed Wall Street』
  Jonathan A. Knee (Oxford University Press, 2006)
- 『Confessions of a Wall Street Analyst: A True Story of Inside Information and Corruption in the Stock Market』
  Dan Reingold (Harper Business, 2006)

二〇〇六年八月から〇七年三月までの研究専念期間を利用して、ブルガリア、シカゴと回り、現在シンガポールの大学で授業をもっている。この間常に携えて読み返しているのが、漱石の講演録**『私の個人主義』**である。

幼少から漢籍と江戸文化に親しみ、長じて英文学の専門家となった漱石の悩みは、日本の開化が外から強制されたもので、長い歴史のなかで築き上げられてきた内発的な文化や伝統との間にさまざまな相克を抱えているという問題であった。知識人は西洋の思想や文明という借り着で威張っている。自然に芽生えた知識ではないので、不安で仕方がない。しかし、後発国としてそれでやっていくほかはない。漱石はこの問題を克服し自立した考えを貫くため小説家となった。漱石の思いは『私の個人主義』のなかの次の言葉に尽きる。「自己の個性の発展をし遂げようと思うならば、同時に他人の個性も尊重しなければならない。自己の所有している権力を使用しようと思うならば、それに付随している義務というものを心得なければならない。自己の金力を示そうと願うなら、それに伴う責任を重んじなければならない。この三ヶ条に帰着するのであります。卑しくも倫理的に、ある程度の修養を積んだ人でなければ、個性を発揮する価値も無し、権力を使う価値も無し、また金力を使う価値も無いということになるのです」。

次の二つは昨年米国でベストセラーになった、著名な金融プロフェッショナルたちによる、米国投資銀行の利益追求の行き過ぎに対する反省の書である。

『**The Accidental Investment Banker**』は、イェール大学ロースクール卒の著者が、ＩＴバブルのなかで偶然のきっかけからゴールドマン・サックスを振り出しにメディア産業担当の投資銀行家として頭角を現していく。そのなかで投資銀行が顧客のためではなく、自社の収益を追求する案件を無理してでもやりきっていく行動に懐疑的になり、バブルの崩壊とスキャンダルの発覚とともに、投資銀行を去り、小さなブティークを立ち上げ、真の企業に対するアドバイスを行うに至る経験を語る。

『**Confessions of a Wall Street Analyst**』は、長距離通信のＭＣＩの財務部門で頭角を現し、モルガン・スタンレーに通信電話産業株式アナリストとして引き抜かれた著者が、通信ブームのなか、高給で投資銀行を渡り歩き、業界を代表する著名株式アナリストとなり、一九九九年には三五〇万ドルもの報酬を得るに至る。本来中立であるべき株式アナリストの報酬が投資銀行部門の収益と結びつけられたためである。アナリストのインセンティブはゆがめられ、やがてスキャンダルとなって露呈する。ワールドコムの破綻とともにウォール街での異常な生活に燃え尽きた著者は、二〇〇三年に五〇歳で引退し、コロンビア大学ビジネススクールでの研究生活に入って本書を書いた。

ウォール街の異常な利益追求の仕組みが、プロフェッショナルの職業倫理をゆがめ、投資家に大きな損失を与えたことを警告するとともに、プレーヤーたちが勤務先に忠誠心がなく、単に報酬の多寡だけで同業者を渡り歩き、投資銀行にとっても、高い収益をもたらすプレーヤーを獲得することだけが、最大の競争戦略となっていることを明らかにする。チームごと他行に移れば翌日からその銀行のシステムでトレードができるようになっているところなど、門外漢は驚くばかりである。

このような実情を日本の読者が知ったとき、米銀並みにプロにインセンティブを与え日本の銀行も利益を追求すべきだなどという考えが、いかに皮相的であるか理解できる。漱石の「日本はまだ自立できず上滑りの開化でやっているのですか」という声が聞こえてくるようだ。

（「ＣＦＯ ＦＯＲＵＭ」二〇〇七年三月一〇日）

§5-05

シュンペーターとイノベーション

- 『Prophet of Innovation: Joseph Schumpeter and Creative Destruction』
Thomas K. McCraw（The Belknap Press of Harvard University Press, 2007）
- 『シュンペーター』
根井雅弘（講談社学術文庫、２００６年）

偉大な経済学者が意外な私生活を過ごしていたのを知ることで、難解な理論に親しみがもてるようになる。ヨーゼフ・A・シュンペーターの読みやすい伝記を取り上げてみたい。

企業はイノベーションを続けなければやがて競争に敗退し、市場から淘汰される。二〇世紀の企業の成長は、企業規模の拡大や業務範囲の拡張によりもたらされた。しかし、二一世紀の企業成長は、市場の激しい変化に対応しイノベーションを生む、簡素で俊敏な組織によりもたらされる。

「ビジネスウィーク」二〇〇八年四月二八日号は、世界の最もイノベーティブな会社五〇社を特集している。一位はアップル、二位グーグル、三位にトヨタが入っている。イノベーションとは、アップルのように新製品を開発するだけでなく、グーグルのような新機軸の顧客サービスを行ったり、トヨタのように生産プロセスの仕組みを改善したりすることである。

「創造的破壊」活動とされるイノベーションの資本主義発展に対するダイナミックな役割を、初めて理論的に明らかにしたのがシュンペーターであった。一八八三年ウイーンに生まれ世紀末の時代転換の雰囲気のなかで青春を送る。一九〇五年に最初の論文を世に出し、やがて偉大な経済学者として認められる。三二年にハーバード大学に移り、五〇年に逝去するまで精力的な著作活動を続けた。三一年には東京商科大学（現一橋大学）などの招きで日本を訪れわが国の経済学にも大きな影響を与えた。

没後六〇年近く経ち、一般の経済学が経営者には役に立たない技術的な学問とみなされるようになるなかで、イノベーションの思想家シュンペーターが再び注目を浴びている。シュンペーターによれば、企業家がリスクをとりイノベーションを遂行することで、経済に破壊的発展の契機が生まれる。イノベーションには、「新しい財貨の生産」「新しい生産方法の導入」「新しい販路の開拓」「原料あるいは半製品の新しい供給源の獲得」「新しい組織の実現」があるとされた。

『Prophet of Innovation』は、ハーバード・ビジネススクールのビジネス史学名誉教授でピューリッツァー賞受賞者のトーマス・マックロー教授の手になる、シュンペーター伝の決定版ともいえる大著である。シュンペーターの業績を現代的視点で見直すだけでなく、彼の驚くほど生産的な著作活動の背景と、三度の結婚を通じたロマンティックな生活面を関係者の日記や手紙などの新資料をベースに興味深く生き生きと描き出し、興味が尽きない本だ。

『シュンペーター』は、日本の経済史学者の根井雅弘京都大学教授が、ビジネスパーソンや学生用に出版したコンパクトで読みやすい思想と生き方の紹介書だ。そこで根井教授はシュンペーターのパラドックス論を展開する。一つは、偉大な「経済理論家」として後世に評価されることを願った彼が、偉大な「社会経済思想家」として評価されることになったというパラドックスである。「創造的破壊」とは、資本主義的合理性の浸透が過去の伝統や制度を破壊し資本主義のシステムが機能不全に陥るという主張なのだが、その結果、現代資本主義に経済的合理性だけでは測れない非経済要因の複雑さと多様性を考える必要が出てくるという重要な問題を提起することになった。もう一つのパラドックスは、シュンペーターの颯爽とした孤高の経済学者という姿と、女性関係に右往左往するというマックロー教授が前述の伝記で詳細に描いた実生活のギャップであろう。

いずれにしても、シュンペーターは「創造的破壊」の主体としての「企業家」の役割という現代的経済活動を定式化したことで、二一世紀の企業活動に最も影響力をもつ経済思想家といってよいだろう。

（「ＣＦＯ ＦＯＲＵＭ」二〇〇八年六月一〇日）

§5-06

危機の連鎖と資本主義の将来

- 『Civilization: The West and the Rest』Niall Ferguson（Allen Lane, 2011）（邦訳：仙名紀訳『文明―西洋が覇権を取れた6つの真因』勁草書房、2012年）
- 『The Price of Civilization: Economics and Ethics After the Fall』Jeffrey D. Sachs（The Bodley Head, 2011）（邦訳：野中邦子、高橋早苗訳『世界を救う処方箋：「共感の経済学」が未来を創る』早川書房、2012年）
- 『終わりなき危機―君はグローバリゼーションの真実を見たか』水野和夫（日本経済新聞出版、2011年）

資本主義は科学技術の発達と経済成長を前提に発展してきた。一九九〇年代に入り、社会主義体制の崩壊とともに新興国が資本主義に参入し、米国中産階級の生活をモデルに経済成長を目指している。しかし、その米国経済は八〇年代以降は繰り返し経済危機に襲われ、かつての世界経済のリーダーとしての力には衰えがみられる。地域統合のモデルとなるはずのEUは危機的な状況にあり、新興国のキャッチアップのモデルとなるはずの日本は二〇年にわたる経済停滞に苦しむ。科学や技術の発達は組織を複雑化し、地震や水害などの頻発する自然災害の被害を破局的なものにし、持続可能な世界のエネルギー供給や環境の維持に疑問を投げかけている。危機の克服には文明史観をふまえた長期ビジョンが必要になっているのではないだろうか。

そこで、このような資本主義の成長モデルの行き詰まりをどう解決するのかをじっくり考えるのに参考になる、歴史的認識をベースに幅広い視野で問題を分析する近著を三冊紹介したい。

歴史学者ニーアル・ファーガソン教授は、「フォーリン・アフェアーズ」の二〇一〇年三月号で、歴史上繁栄した帝国はすべて、そのシステムの複雑化とともに臨界点に達し、自ら突然崩壊していく歴史パターンを読者の前に示し、米帝国がその兆候を示すことに警鐘を鳴らした。近著『**Civilization**』でファーガソンは、一五世紀まで世界の文明をリードした東洋にかわり西洋が栄えるようになったのは、六つの斬新で複雑な制度を形成する知識や行動が確立したからだとする。それは、国家や企業間の競争の仕組み、自然社会を解明し変革する科学、私的所有権を守るルール、人の寿命を延ばす医療、物質的生活のモードとしての消費社会、プロテスタンティズムの労働倫理、である。本書では、これらの六つの分野における発達の歴史的実例が興味深く展開される。最後に、西洋文明は他の文明からの挑戦ではなく、自らの短慮により没落するおそれを指摘する。

一方、ジェフリー・サックス教授は、途上国の持続可能な開発を提唱する経済学者である。最近では、中間階層の利害が米国民主主義経済の基盤であるとして、格差の拡大でこれを破壊するウォール街や大企業を批判し、反格差のウォール街占拠闘争を支持する。近著『**The Price of Civilization**』では、自分が三〇年間学んできた途上国の開発経済理論を先進国米国に適用する本を書くことになるとは思わなかったとしながら、米国はその経済問題の解決に、長い時間と道徳や倫理の回復が必要なことを指摘する。銀行の社会的責任の回復、社会的サービスの分権化、富裕層の課税強化などの、米国経済を持続可能な経済に戻すための具体策を提言する。

わが国では、成長経済の軌道に戻ることを前提とした短期的な経済刺激策の提言が主流であるなか、在野のエコノミスト水野和夫は歴史的視野での分析を続けてきた。水野和夫の『**終わりなき危機**』は、成長と利潤率の拡大を所与の要件とする資本主義が、常にその活躍の場として新たな空間を求めてきたことを、一六世紀と二一世紀のグローバリゼーションを比較しながら述べている。実物空間を失った二一世紀の資本主義は、ＩＴや金融の仮想空間に未来の利益を先取りした結果、バブル依存症に陥った。そこでは、欧米型の資本主義を全地球化した結果、もはやフロンティアは存在せず、危機は終わらない。問題を解決するのは成長ではなく、長い時間をかけた持続可能な新たな秩序の生成であるとする。

（「ＣＦＯ ＦＯＲＵＭ」二〇一一年一二月一〇日）

§5-07

ケインズとハイエク——経済危機を乗り越える思想

• 『Keynes Hayek: The Clash That Defined Modern Economics』Nicholas Wapshott（Norton, 2011）
• 『ケインズとハイエク―貨幣と市場への問い』松原隆一郎（講談社現代新書、２０１１年）

サブプライム危機が欧州に波及して起こったユーロ危機は、グローバル化した資本主義の将来に暗い影を落としている。現在の厳しい経済状況のなかで、八〇年ほど前の大恐慌後の経済再建策をめぐるケインズと論敵ハイエクの論争をテーマとする本が日米で出版されているのは偶然ではない。この巨人たちの経済思想の現代的意義は、いっそう大きくなっているようだ。第二次大戦後、完全雇用と経済成長を実現する政府の役割を重視するポストケインジアンの経済政策は、戦後の世界の経済復興と成長に有効な役割を果たした。しかし、一九七〇年代後半に入り、不況下のインフレというスタグフレーションの発生により、政府の経済政策の失敗が明らかになるとともに、ハイエクの政府の役割を制限し、自由な市場の役割を重視する思想が見直される。ハイエクは七四年にノーベル経済学賞を受賞する。八〇年代に入り英国にサッチャー政権、米国にレーガン政権が誕生したことで、政府の役割を縮小する市場主義原理が英米の経済を復興させることになる。日本でも同時期に中曽根内閣のもとで、政府部門のリストラが進み、市場主義原理が世界の潮流となる。しかし、この市場での「自由」の行き過ぎはバブル経済をもたらし、その破綻がサブプライム危機につながる。そこで、ブッシュ政権、オバマ政権による銀行や大企業の救済が実行される。まさにケインズの再登場である。しかし、それは政府によるばらまき、政府債務の膨張という問題を引き起こし、現在の不安定な世界経済の状況を招いている。

『Keynes Hayek』は、「ロンドン・タイムズ」などの編集長を務めたジャーナリストによる一般読者向けのわかりやすい本である。第一次大戦後のロンドンでのケインズとハイエクの出会いから、彼らの直接の論争の跡をたどる。政府が市場経済に介入すべきか否かの点で、「一般理論」と「隷属への道」のそれぞれ異なる考えに至った二人の経済の巨人の対立が、近代経済学の二大潮流を導く流れを描く。ポール・クルーグマンなどのケインジアンやミルトン・フリードマンやポール・サミュエルソンなどの新自由市場主義者たちの、政府の市場に対する役割のこの八〇年間の論争と現実の経済政策の変遷を振り返り、いったいどちらが勝者であるのかを探ろうとする。

『ケインズとハイエク』は、優れた業績をもつ社会経済学者が、両者の論争の発端である貨幣論と自由の社会思想に焦点を当てることで、新書版ではあるが思想の変遷に踏み込んだ内容の濃い本となっている。経済の好不況の歴史を経験した二人のそれぞれ独自の歴史経験をもつ思想家は、経済を超えて社会における個人の自由という立場から出発して、異なる貨幣と市場の見方に達したことを明らかにし、その現代的な意義を問う。ナチスの暴政から逃れロンドンから米国へと亡命したハイエクは、個人的自由を侵害する政府の計画経済的介入に拒否感を抱く。ここで注意すべきは、ハイエクは無秩序な市場原理主義ではなく、人間が潜在的に従うルールが法として確立している状態のなかでの、個人の自由が予測可能となるような自由な市場経済を主張したという点だ。つまり、しっかりした規制があれば、そもそもバブルも金融危機も生じないという立場である。これに対してケインズは、自由放任が公共の利益をもたらすにはいくつかの条件があるが、それは現実には実現がしにくいとして、個人主義よりも個々人が一つの社会単位にまとまって、中央銀行や政府が経済政策の役割を果たすことを期待する。不確実性、不安定性、複雑性に満ちた現代の危機に見舞われる資本主義を救うための処方箋として、ケインズとハイエクの思想の価値が見直されることになったのである。

（「ＣＦＯ ＦＯＲＵＭ」二〇一二年三月一〇日）

§5-08

株主資本主義の終焉

- 『Stakeholder Theory: The State of the Art』R. Edward Freeman and others（Cambridge University Press, 2010）
- 『株主主権を超えて―ステークホルダー型企業の理論と実証』広田真一（東洋経済新報社、２０１２年）

二〇一二年八月ボストンで開かれた米国経営学会で、一九七六年にエージェンシー理論を提唱したハーバード・ビジネススクールのマイケル・ジェンセン名誉教授の話を聞いた。株主資本主義の行き過ぎを招いたウォール街は愚かであり、エージェンシー理論は株主だけが経営者のプリンシパルであると誤解されている。それでは企業のガバナンスの四分の一しか説明できないとして、あと四分の一を説明する、経営者のインテグリティー（誠実性）理論を提唱していた。ジェンセンによれば残り二分の一は、企業の意思決定権を誰がもつかという理論によって説明できるとする。

この背景に米国の経営学界の研究の一つの流れが、株主中心の価値創造の研究からステークホルダー理論をいかに精緻化するかに移っていることがある。その問題意識は、株主以外の企業を取り巻くステークホルダーのリターンをいかに計測可能な変数とし、企業がいかにバランスよく、株主、従業員、顧客などのステークホルダーの価値を創造するかを実証的に明らかにすることである。この学会でひときわ目を引いたのが、小太りで顔中にひげを蓄え、ピンクのシャツを着たバージニア大学ダーデン・ビジネススクールのエドワード・フリーマン教授だ。

『Stakeholder Theory』は、フリーマン教授を中心とする経営学者たちのこの三〇年のステークホルダー理論の発展と展望をまとめた本である。株主中心モデルの研究が主流と思われる米国のビジネススクールで、このような研究が綿々と続けられ、経営戦略、ファイナンス、会計学など、さまざまな研究領域に影響を及ぼし、いまや経営学会で重きをなすグループとなっている。

そこでの関心は、ビジネスが諸ステークホルダーにいかに価値を創出し、相互にいかにそれを交換するかを理論化することにある。それは、企業倫理や社会的責任のような問題を規範的に扱うのではなく、より実践的かつ実証的に、各ステークホルダーの価値創造と交換のメカニズムを明らかにしようとしている。著者によれば、ステークホルダー資本主義とは、個別のステークホルダーが限られた資源のなかで自己利益を追求するのではなく、ステークホルダー全体としての価値を創造し、お互いに持続可能な協力関係を築くような自主的な共同作業を追求することにあるとされる。

日本の経営財務の学界をみると、株主中心モデルの実証研究が主流である。一方のステークホルダー理論の研究は、わが国では規範的な議論に偏り、実証的な研究は少ない。そのようななかで、**『株主主権を超えて』**は、意欲的にステークホルダー・モデルの実証研究を行った数少ない成果である。著者は特に株主利益とステークホルダーの満足との間のトレードオフ関係に注視し、日本企業のＲＯＥが米国企業のＲＯＥより低かったとしても、それは必ずしも日本企業のパフォーマンスが低いことを意味するのではないのではないかという問題意識をもつ。日本企業では、ＲＯＥの中間値は欧米の企業より低いものの、そのばらつきも著しく小さい。そこでは高収益よりも安定性に価値が置かれた経営が行われ、ステークホルダー価値の追求を示唆するさまざまな財務的な特徴が観察されることを、企業へのインタビュー調査等を通じて明らかにしている。

日本の企業経営においては、伝統的に優良企業は長期的なステークホルダーの利益を図ってきた。近年株主中心の経営を標榜する企業の経営にさまざまな問題が生じている。わが国でも経営財務や会計、経営戦略などの分野で今後このようなステークホルダー理論の実証的かつ実践的な研究が要請されている。

（「ＣＦＯ ＦＯＲＵＭ」二〇一二年一二月一〇日）

§5-09

コラボ型シェア資本主義へのパラダイム転換

・『経済と人間の旅』
宇沢弘文（日本経済新聞出版、２０１４年）
・『The Zero Marginal Cost Society: The Internet of Things, the Collaborative Commons, and the Eclipse of Capitalism』
Jeremy Rifkin（Palgrave Macmillan, 2014）
（邦訳：柴田裕之訳『限界費用ゼロ社会〈モノのインターネット〉と共有型経済の台頭』ＮＨＫ出版、２０１５年）

二〇一四年を振り返ると、年初には回復の兆しがみえた世界経済も、年末に向けて中東などの地政学的不安定性が増し、経済好転には程遠い状況で新年を迎えている。もう三年前になるが、サンディエゴで開催された毎年一月定例の全米経済学会で、経済学の大御所ジョージ・ルーカス教授、ケネス・E・アロー教授など錚々たるメンバーが、リーマンショック後の世界経済再生の処方箋も出せずにいる現代経済学の問題を熱心に議論していたことを思い出す。わが国のデフレ経済の処方箋としてとられたアベノミクスの現状も、残念ながら所期の効果が出ているようには思えない。いま必要なのは、資源の効率利用と最適配分を問う市場型資本主義経済のパラダイムからの転換ではないだろうか。

今回は、一九六〇年代後半のベトナム反戦運動に参加し、その後一貫して社会共通資本をベースに人々が共生できる新たな資本主義へのパラダイム転換を唱え続けた、日米の二人の思想家の本を取り上げてみたい。

二〇一四年九月、われわれは宇沢弘文という世界的な経済学者を失った。宇沢は一九六〇年代に数理経済学の二部門成長モデルで既存の経済学の発展に貢献したが、その後、理論的には精緻化したが現実の経済問題の解決から遠ざかる既存の経済学に疑問をもち、医療や教育、自然環境といった社会的共通資本の役割に目を向けることになる。**『経済と人間の旅』**は、その宇沢の生涯一貫した歩みを、「日本経済新聞」に連載された「私の履歴書」や「経済教室」等への寄稿をまとめ、昨年（二〇一五年）末に出版された。既存の経済学に疑問をもち、人々の幸福とは何かを考え続けた宇沢の思考の歩みがよくわかる。新しい年を迎えるにあたり、もう一度宇沢の提唱する人々を幸せにする経済学と社会共通資本の役割をじっくり考えてみる価値はありそうだ。

一方、持続可能な再生エネルギーの問題にいち早く取り組み、炭素燃料からグリーンエネルギーへの転換と共生社会の具体策をEU諸国政府や先端企業にアドバイスしてきたのが、米国の文明評論家ジェレミー・リフキンである。彼が一四年に出版した**『The Zero Marginal Cost Society』**は、市場原理で資源を浪費する私有制に基づく市場型の資本主義が衰退し、新エネルギー体制とインターネット・インフラとの結合により、モノやサービスの限界費用がゼロに近づくコラボ型のシェア（共有）資本主義社会への動きが進むことを俯瞰しており、読み応えがある。一四年のビジネス書ベストセラーになった『How Google Works』や『Zero to One』などにみられる、シリコンバレーの起業家たちが取り組むITによってつながった（Internet of Things）新しい社会の創出について考えるベースにもなる重要な本だ。

著者は、最初に私有財産と市場原理に基づく資本主義からコラボ型の共有社会へのパラダイムシフトを概観する。それは、インターネットでつながった社会共通資本をベースに、グリーンエネルギーと自動車などの輸送手段の結合と共有、3Ｄプリンターによる大量生産から個別生産への移行、ＭＯＯＣ（Massive Open Online Courses）による無料高等教育の拡大などの社会であることが具体例とともに展開される。著者は、この社会を「限界コストがゼロに近づく社会」と定義する。たとえば自動車交通を考えると、3Ｄプリンターと電池エンジンによる分権化された自動車製造、その燃料としてのグリーン電力のネット伝送、ＧＰＳや自動運転などによる自家用車の共有化により、限界コストがゼロに近い自動車社会が実現されるとする。エネルギーとＩＴコミュニケーションが結びつき、モノやサービスの共有と人々の互助によるエネルギー低消費型の定常経済の実現である。著者は、このような社会を「コラボ型シェア社会（Collaborative Commons）」と名づけ、これを私有財産と市場原理に基づく資本主義の代替システムと位置づける。そこでは、クラウドファンディングにより社会資本が生まれ、通貨は民主化され、労働が人間化されていくとする。

最近のウーバーのようなシェア型の移動ビジネス、ビジネス支援のクラウドサービス、ソーシャルアパートやシェアホテルなどの居住空間のシェア型ビジネス等の急速な進展を目の当たりにすると、リフキンのいうコラボ型共有社会への動きと、そのための社会共通資本に関する法的インフラ整備等の重要性が実感できる。

従来型の経済学の発想では現代の経済問題は解決できない。リフキンと宇沢はわれわれの前に現代資本主義のパラダイム転換の一つの道を示している。

（「ＣＦＯ ＦＯＲＵＭ」二〇一五年一月一五日）

§5-10

「米国資本主義」の本質

・『米国』
橋爪大三郎・大澤真幸（河出新書、２０１８年）
・『Capitalism in America: A History』
Alan Greenspan, Adrian Wooldridge（Allen Lane, 2018）

われわれ日本人は米国が好きだ。私の専門の経営学の分野でも、米国で流行の経営の考え方を次々に取り入れてきた。しかし、日本人は米国という国をよく理解しているとは言い難い。なぜそのような経営のやり方が米国で取り入れられているのか、その背景にある米国人の行動原理は何なのかといった疑問である。二〇一八年の後半にこのようなことをわれわれに理解させてくれる良書が出版された。

『米国』は、米国のキリスト教と社会研究の第一人者である二人の優れた社会学者が、対談の形式で米国の資本主義を支える人々の特異な行動様式をわれわれの前にわかりやすく示してくれる。忙しい皆さんには特に第一章を読むことをお勧めする。そこでは米国の本質がピューリタンの思想にあることを、建国の歴史からトランプ大統領の誕生の流れのなかで明らかにしている。英国教会に反発した個人たちが自主的に集まって組織化された国が米国である。そこに集まった人々は神と個人との契約（Covenants）に基づき、地上での成功を求めて世俗的な経済活動にいそしむ。神の使命として勤勉に富を追求するために所有権を確立し、労働と資本の自由な移動を認める法のルールと、そこから逸脱する者を監視する厳格な仕組みを定める。それが法の支配である。

米国ではなぜ取引の契約書が分厚く記載され、膨大な数の法律の専門家がいるのか。それは神から是認された営利活動を行う個人や法人の権利を守るためである。個人の集まりである法人の代表は、教会の代表を選ぶのと同様に株主総会という直接民主主義のかたちで選ばれ、才能ある人がリーダーとしてその成功を導く。成功者が巨額の富を蓄積することは是認され、隣人愛の精神で寄付が実践される。神から成功を約束されたものはリスクをとりフロンティアを目指す。米国の名門大学は教会に所属する金持ちの寄付により設立されたものが多いが、そこでは科学と信仰が両立し、次々に世界をリードする実用的な発明がなされる。際限なく利潤を追求する資本主義がなぜ米国で成功しているのか、米国という国は普遍的なようで、特殊な国であるということがこの手軽な新書でよく理解できる。

『**Capitalism in America**』は、二〇一八年度「FT/McKinsey Book of the Year Award」のファイナル・リストに残った五冊の一つである。ＦＲＢ議長を長く務めたアラン・グリーンスパンと「エコノミスト」の編集記者の共著で、米国資本主義の歴史を具体的な事実に基づき描いており、読み応えのある本になっている。著者たちは、新世界を求め海を渡ってきたピューリタンたちが、国家から個人の権利を守り、勤勉に自己利益を追求できる自由でオープンで機会に満ちあふれた国の原理をつくり上げたことを強調する。そこでは最初から土地の所有権が確立され、そこから特許や知的所有権が発達する。新たな土地や機会を求め、フロンティアを目指す移民が続き、エジソン、フォードから現代のビル・ゲイツにつながるイノベーションの主導者を次々と生んでいった。

建国の父たちが考えたビジネスに対する政治の介入を最小にする仕組みは、国民に自助と自律の精神を育て、欧州と違い資本、土地、労働力に恵まれて自然資源の制約がなかったことが、創造的破壊に基づく生産性の持続的拡大を通じて世界のビジネスを主導することにつながった。その後、戦時や戦後には政府の役割が増大するが、政府の活動を厳しくチェックする仕組みが埋め込まれているので、リベラル（大きな政府）から保守（小さな政府）へ回帰する政治経済の歴史も述べられる。著者たちは最後にこのような米国のダイナミズムが近年衰え始めていることに警鐘を鳴らしている。

この二つの本を読むと、国民の価値観の宗教的基盤が米国の資本主義を支える行動原理となっていることがよくわかる。神と個人が直接対峙し、利潤を神の恵みとして、冒険的にフロンティアに取り組むところから、世界の資本主義をリードする国が生まれてきた。このような個人の行動原理を理解すると、米国では政府の介入がなぜ嫌われるのか、優秀な若者はなぜ冒険的な起業を目指すのか、ビジネスで成功し大金持ちになった者がなぜ敬われるのか、貧富の差がなぜ是認されるのか、そこで取り残された人々がなぜ神にすがり、トランプのようなポピュリストを伝道師になぞらえ「アメリカファースト」を叫び、自由で普遍的な米国の原理を否定しようとしているのか、といったことを考えるヒントを、この二冊の本はわれわれに与えてくれる。

（「CFO FORUM」二〇一九年二月一五日）

§5-11

コロナ禍で蘇るケインズとウェーバー

- 『The Price of Peace: Money, Democracy,and the Life of John Maynard Keynes』Zachary D. Carter (Random House, 2020)
- 『マックス・ヴェーバー――主体的人間の悲喜劇』今野元（岩波新書、２０２０年）
- 『マックス・ウェーバー――近代と格闘した思想家』野口雅弘（中公新書、２０２０年）

世界ではまだ新型コロナの感染流行が収まらないこの時期に、社会科学の巨人ジョン・メイナード・ケインズとマックス・ウェーバーの伝記が日米で同時に出版されているのは、偶然とはいえ何か意味があるのではないかと思い、この三冊を紹介することにした。

ケインズ（一八八三～一九四六年）は病弱であったが、スペイン風邪と二つの大戦を生き延びた。現在の新型コロナによる世界経済の大幅な落ち込みに対し、恐慌に陥るのを防ぐために各国政府はケインズ流のかつて例をみない大規模な赤字財政出動を行っている。発売後すぐにケインズ伝記『**The Price of Peace**』が「ニューヨーク・タイムズ」のビジネス書ベストセラーになっているのは、ケインズの現代的意味と影響が非常に大きいことを示している。

一方のウェーバー（一八六四〜一九二〇年）は、百年前の一九二〇年六月一四日、スペイン風邪が原因と思われる肺炎でこの世を去っている。この没後一〇〇年の記念すべき年に、英語でウェーバーの伝記が刊行された形跡はない（検索して調べるとドイツ語で一冊だけ『Wir Modernen Menschen:Über Max Weber』という書名の、直訳すると『我ら現代人：マックス・ウェーバーについて』という六七ページの小冊子が七月に出版予定となっている）。これを日本では新書判の伝記が同時に二冊も出版されるのと比較すると、ウェーバーという思想家は、欧米では一般には忘れられ、日本人だけが関心をもっているようにもみえる。今回の新書のなかでも、八四年にドイツで刊行されたウェーバー全集の注文の三分の二が日本からであったとか、著者が現地でウェーバーの墓の場所を尋ねたところ、門番から「消防士のマックス・ウェーバーか日本人がよくお参りにくるマックス・ウェーバーか?」と聞かれたという話が、紹介されている。二冊の新書からこのあたりの理由を探るのも面白い。

『The Price of Peace』は、ジャーナリストによる優れた伝記である。知的エリートとしてのケインズの生涯にわたる思想と行動の遍歴が、若き日のブルームズベリーの知的サークルでの同性愛を交えた前衛的な活動に始まり、仲間からも驚かれたロシア人バレリーナとの結婚を経て、数学者から経済政策実務家への道、ケインズ経済学の一般理論の確立に至る半生がわかりやすく描かれる。また、その間の時代背景としての大恐慌を含む経済、金融の動きが並行して説明され、ケインズの経済的効率性、社会的公正、個人的自由を目指すモラル・サイエンスとしての経済学的思考と、知性や美を追求する人間的活動の時代背景がよくわかる。六〇〇ページを超える大著だが、昔ケインズの経済学をかじったことがある人、あるいは現在の仕事の関係で金融や財政に興味があり多少でも英語が読める人にはお薦めの一冊だ。

これに対して、日本のウェーバー伝は新書にもかかわらず専門的で、気軽に読める本ではない。

『マックス・ヴェーバー――主体的人間の悲喜劇』は、副題に「主体的な人間の悲喜劇」とあるとおり、ドイツ・ナショナリズムが興隆するなかでの自立した個人としてのウェーバーの人格形成とその過程でのさまざまな闘いの歴史を、時代を追って描いている。家父長的な都市行政官としての父と、富裕なユグノー（カルヴァン派信者）の家に生まれた敬虔なプロテスタントの母との間で、知的創造の世界を目指し、法学博士、教授資格と取得していくが、母に対して強圧的な態度をとる父とは衝突する。辺境の大学の職には満足せず、よりよいポストを求めて、また弟子たちにもポストをあっせんしようと、思想や考え方で気に入らない教授たちとは闘いを続ける。知的女性にパートナーシップを求め、知的好奇心の高いマリアンヌを妻にすると同時に、複数の優秀な弟子とも関係をもつ。米国への旅行経験を経て、禁欲的プロテスタントのエートスが勤勉と富の蓄積を通じ資本主義の興隆につながっているという仮説を展開し、近代化に遅れたドイツの国民性を批判する。第一次大戦を経て、同胞の精神的高揚に感激し、ナショナリズムに傾斜していくが、その後のナチスの興隆はみることなく世を去った。

『マックス・ウェーバー――近代と格闘した思想家』は、「近代と格闘した思想家」の副題にあるとおり、宗教社会学と政治理論で後世に残る業績を残したウェーバーの思想を振り返る。また、その思想と本人の言動の矛盾にも分析の矛先を向けながら、ウェーバー思想の現代的意義も探っている。政治理論については、社会的な行為の過程と結果の因果性の解明を重視する一方で、党派性や論争性を当事者に自覚させ、価値をめぐる対話を促そうとしたとする。禁欲的プロテスタンティズムと資本主義の因果関係については、その因果関係が明示されていないことを指摘する。プロテスタント的な信仰から金儲けをひどく憎みながら、実際には家父長的な父のもとで事業に成功したのが、ウェーバーの家系であったとしている。

欧米の研究者は、社会学や政治学のそれぞれの研究課題に応じて、ウェーバーの原典から必要な部分を抽出する傾向がある一方で、日本ではウェーバー学として、原典全体の編纂や解釈が進んできた。日本では欧州近代を学び直すヒントとしてウェーバーが熱心に読まれてきたとする。これは日本の知識人が、近代西洋における個人の自立と資本主義のエートスに学び、日本の近代化の糧にしようとしたのだが、多様な資本主義が成功している現代にあって、かつての効能はもはやないと著者はいう。ウェーバーの仕事はドイツでは忘れ去られ、日本でも近年ではウェーバーの研究は急速に色褪せてきており、時代にあわせて原典を解釈することの重要性を著者は指摘している。

（「ＣＦＯ ＦＯＲＵＭ」二〇二一年一月一六日）

§5-12

資本主義はどこに向かうのか

- 『Slouching Toward Utopia: An Economic History of the Twentieth Century』
J. Bradford DeLong（Basic Books, 2022）
- 『成長の臨界――「飽和資本主義」はどこへ向かうのか』
河野龍太郎（慶應義塾大学出版会、２０２２年）

世界経済の現状をみると、長く続いた低金利の時代に終わりを告げるかのように、米国とユーロ圏では二〇二二年前半インフレ率が八％を超えるなか、中央銀行は利上げを続け、株価と国債価格は低下し、経済の先行きにインフレと景気悪化の暗雲がさしている。このような不安定な時期にこそ、長期的な視点で世界経済の動向を考えてみる必要がある。その目的のために格好の、著名なエコノミストによる長期的な資本主義の考察の本が最近日米で出版された。

長い二〇世紀の世界経済史という副題の『**Slouching Toward Utopia**』の著者デロング教授は、カリフォルニア大学バークレー校のマクロ経済学、経済史の著名な教授で、ハーバード大学で金融経済をテーマに博士号を取得後、クリントン政権でサマーズ財務長官のもとで財務副次官補として現実の経済政策に携わった経験をもつ。

著者は経済政策の目的を食べ物のパイにたとえて、まず人々に十分な量のパイを焼くこと、次にそれを公平に分配し、満足して味わってもらう、そこで初めて人々に安全で健康で幸福な生活がもたらされるとする。そして、先進国の人々に十分なパイが行きわたったのは一八七〇年ごろであり、そこから二〇一〇年までを、ユートピアを求め分配の平等と人々の満足を追求した現代経済の長い二〇世紀であったとする。

そして、経済発展のカギとなる要素を、新技術の研究開発、近代的な企業組織の発達、経済活動のグローバル化に求め、特に産業技術を重視する。また、経済政策の基礎となる哲学を、ハイエク流の市場主義と、ポランニー流の分配や満足を重視する社会民主主義の二つに求め、これら二つの哲学の交錯が、ユートピアを求めた二〇世紀の経済史の根本にあったとする。これらの制度的要素と経済哲学を軸に、初期のグローバリゼーションから民主化と植民地主義、大恐慌から社会主義やファシズムの興隆、その後の冷戦から社会民主主義や新自由主義の試み、流通生産のグローバリゼーションから現在の情報化経済に至る経済の流れを、ユートピアを求め達成できなかった物語として描いている。

本書は、五〇〇ページを超える大著であるが、将来いかにしてユートピアを実現できるのかについての答えまでは出しえていない。将来については、次世代の人々の新たな創造に任せるしかないとして、富の分配の問題だけではなく地球温暖化や環境問題などの新たな問題に直面する世界経済には、これを解決できるような新たな経済学の枠組みが必要なことを示唆している。

『**成長の臨界**』も『Slouching Toward Utopia』と同様に、飽和した資本主義の将来を探ろうとする五〇〇ページ近い大著だ。著者は民間の金融機関に所属する、定評のあるエコノミストで、現在は外資系証券会社のチーフエコノミストとして政府のさまざまな審議会の委員も務めている。

本書はグローバル経済のなかで長期停滞に陥り、行き詰まったようにみえる日本経済について、存亡の淵、すなわち臨界という表現で、そこで綱渡りをする過去と現状の分析を通じて将来の方向を探ろうとする。経済だけではなく歴史や政治、地域社会の視点を入れて分析し、読み応えのある内容になっている。

リベラルな国際秩序が崩壊するなかで、わが国では分配する果実の縮小から政治体制はぜい弱化し、成長時代につくられた中央銀行は、低成長期に入ると超低金利政策を固定化し、財政規律を弛緩させてしまっている。その結果、資源配分はゆがみ、潜在成長率が低下する悪循環に陥っていると著者は指摘する。分配のゆがみがもたらす低成長と低金利、イノベーションや生産性の停滞に日本経済の長期低迷の要因を探り、潜在成長率がゼロ近くに張り付いた日本の財政金融の問題が、従来のマクロ経済学の理論ではなぜうまく解決できないかを読者に示そうとする。

本書に不足しているとすれば、『Slouching Toward Utopia』と同様に将来への具体的な処方箋が、第六章の財政健全化の提案を除けば不十分なところである。著者は本書の最後にケインズの「百年後はニーズがあまねく満たされる豊かな時代が訪れるが、そこで余暇を有効に使い、快適に、裕福に暮らすことが人類の課題になる」という言葉を引用し、ケインズの予言どおりにはなっていない現状を脱却するには、コミュニティの復活と、新たな知のイノベーションが必要なことを提起している。

この日米で最近出版された二つの著書に共通しているのは、世界の経済がこれまでにない課題に直面しているなかで、専門化し細分化されたこれまでの経済学ではこれらの課題を解決することはむずかしく、ケインズのように、歴史家、政治家、哲学者などの才能を兼ね備えた経済学者が、個々の問題を一般的総合的な観点から考え、未来のために過去に照らしながら現在を解明することの重要性であろう。この二冊はそのような試みの端緒といえる。

（「ＣＦＯ ＦＯＲＵＭ」二〇二二年一一月一五日）

§5-13

カウボーイ資本主義と経済繁栄の条件の確立

・『西部劇への招待』
逢坂剛、川本三郎ほか（ＰＨＰエル新書、２００４年）
・『The Birth of Plenty: How the Prosperity of the Modern World was Created』
William J. Bernstein（McGraw-Hill, 2004）
（邦訳：『「豊かさ」の誕生─成長と発展の文明史』日本経済新聞出版、２０１５年）

趣味と学問的な興味が交錯するテーマを見つけると、幸せな気持ちになる。好きな西部劇映画を何本も鑑賞するうちに、そこに米国型資本主義の原型の成立がみられることに気がついた。西部劇の主人公カウボーイ達の活躍した時代は一八六五年からわずか二〇年ばかりのことである。南北戦争後、テキサスには数百万頭に及ぶ所有者不明の野生牛が繁殖していた。そこに大陸横断鉄道建設が進み、一八六九年ついに大陸の両岸が結ばれる。三、四歳の野生牛を、テキサスからカンザスへと二〇〇〇マイルも続く肥沃な天然の牧草地を通って、中西部の大陸横断鉄道の駅まで運べば、途中の牧草で太った牛は二〇倍の値段で買い取られ、列車で東部の需要地へと運ばれるようになった。この、Cattle driveと呼ばれる長距離の牛追いでは、テキサスの牧場主は、幌馬車一台、一二人のカウボーイ、二五〇〇頭の野生長角牛を一集団として組織化した。英英辞典によればcattleの語源はcapitalとある。牧場主は子牛に所有者であることを示す烙印を押して資本の投下を行ったことになる。

牛追い途中の牧草地に当時定住しようとしていたのが、一八六二年のホームステッド法で占有による土地所有を認められた東部から流れてきた小規模農民である。彼らにとって占有する土地をかすめて通る牛追いは土地の所有権を脅かすものである。そこでこれらの農場主と、自由な交易を行おうとするカウボーイたちとの衝突が起きる。農場主は牛荒らしを雇いカウボーイたちを襲い、牛を盗む。牛荒らしは悪徳保安官とつるんでいたりして、善良な町の住民から嫌われている。そこでカウボーイは無法に悩む善良な町の人を味方につけ、秩序の確立を目指し悪代官や牛荒らしたちと闘う。

西部劇のテーマとは、牛の自由な交易や所有権と、土地の所有権の確保をめぐる争いで、正義は自らの武力で権利を確保する秩序を築いた者にもたらされる。しかしカウボーイの時代は長くは続かない。一八七〇年代に有刺鉄線が発明され、その普及で牧草地が囲い込まれてしまう。さらに一八八五年ごろまでに農場主の私有農場によって草原は完全に寸断されたことに加えて、横断鉄道の支線が牛の生息地に近いところまで延びたことで、カウボーイの時代は終わる。西部劇映画『シェーン』は、実は失業したカウボーイが農場を渡り歩く物語である。

『西部劇への招待』は私と同世代の西部劇ファンたちが映画の見所を実に楽しく語っている。先にあげた視点を加えて読めば楽しみは倍加する。

『**The Birth of Plenty**』は、投資アドバイスの権威とされる著者が、近代産業社会の成立の歴史をわかりやすく語った著書である。著者によれば、近代社会の繁栄を達成した国に共通する条件は、財産権、科学的思考法、資本の調達、交通と通信能力、の四つの制度的確立にあるという。この条件が一つでも欠ける国は、繁栄の確立に失敗する。西部劇でみる米国では、一八六五年ごろに、財産権とそれを確保する法的基盤が確立し、自動拳銃や鉄条網のイノベーションが進み、大陸横断鉄道建設やキャトル・ドライブ（牛追い）のための資本の調達の仕組みが整備され、鉄道と電信網が成立した。西部劇はまさに米国資本主義繁栄の諸条件を力ずくで獲得する物語である。

ところで西部劇については、その製作が集中した戦後の冷戦時代には、世界覇権を目指す米国の大国主義の象徴であると批判され、現在もイラク戦争に突き進んだブッシュ（注：息子）大統領は西部劇のガンファイターそのものであるなどカウボーイ的なものは何かと悪者のたとえに使われている。読者の皆さんにもぜひ西部劇をさまざまな観点から楽しんでもらいたい。

（「ＣＦＯ　ＦＯＲＵＭ」二〇〇五年三月一〇日）

Cinema ⑤

映画で学ぶカウボーイ資本主義とサムライ資本主義

- 『赤い河』(原題：Red River) 1948年、監督：ハワード・ホークス
- 『荒野の決闘』(原題：My Darling Clementine) 1946年、監督：ジョン・フォード
- 『武士の家計簿』 2010年、監督：森田芳光
- 『武士の献立』 2013年、監督：朝原雄三

コロナの影響で多くの新作映画が上映延期になるなか、自宅で手軽にみることができる西部劇と時代劇映画を比較することで、米国と日本の資本主義の源流について考えてみたい。

§5－13で述べたように、一八六五年ごろの南北戦争後の西部の牛追い(キャトル・ドライブ)が舞台となる西部劇映画から、米国の資本主義の一つの源流をみることができ、同じころ徳川幕府の体制が終わりに近づいたころのサラリーマン化した武士たちを主人公とする時代劇映画から、日本の資本主義の一つの源流をみることができるという話である。

テキサスから鉄道の最前線まで牛を追い、これに東部の資本家等が投資する。カウボーイは成功報酬で牛を追い、途中の牧草地には開拓者が私有する牧場があり、そこで所有地を横断するカウボーイと争いが起きる。そこで、自らの生命や財産は自ら武装して守る、そのための法制度は自らつくり上げるという、米国西部開拓の基本原理が出てきた。これを私は「カウボーイ資本主義」と名づけた。

一方で、日本の同時期は徳川幕府末期に当たり、お上の保護のもと、農民が土地を実質保有し、侍はその管理や維持にあたり、組織への忠誠を誓う運命共同体としての藩が存在していた。そこでは、藩主、侍、農民の保護と支配のヒエラルキーと、それを守る制度ができあがっていた。これを、私は「サムライ資本主義」と呼ぶことにした。

では、このカウボーイとサムライの行動の違いがよく出ている映画を具体的にみてみよう。カウボーイによるキャトル・ドライブが最もよく描かれているのは、一九四八年のハワード・ホークス監督の西部劇名作**『赤い河』**だ。広大な牧場をもった開拓者（ジョン・ウェイン）と、その息子（モンゴメリー・クリフト）が、キャトル・ドライブのなかでさまざまな困難に遭遇し、衝突しながらも親子で苦難を乗り越えていく姿が描かれる名作だ。南北戦争後の西部では、一万頭を超える牧場の牛を買ってくれる業者がいなくなり、牧場の経営は火の車、そこで親子は、サンタフェ・トレイルを通って一万頭の牛を運ぶ大規模なロング・ドライブの計画を立てる。映画では、この牛追いの壮大な風景が繰り広げられている。

同じく、ジョン・フォード監督の一九四六年の名作西部劇**『荒野の決闘』**もキャトル・ドライブが伏線になっている。メキシコからカリフォルニアへ牛を運ぶ途中、アリゾナ州南東部の街トゥームストンへ立ち寄る、ワイアット・アープ（ヘンリー・フォンダ）とその兄弟の話だ。兄弟が夜に街へ出て、留守を任されていた末弟が何者かに殺され、牛も盗まれてしまう。クラントン一家がその犯人であると踏んだワイアットは、保安官となってトゥームストンにとどまり、流れ者ビリーザキッドの助けを借りて、私的所有権を守るため最後にクラントン一家と決闘に及ぶ。有名なＯＫ牧場の決闘だ。

これに対して、二〇一〇年の映画**『武士の家計簿』**は、西部劇と同時代の幕末期の話だ。会計処理の専門家として代々加賀藩の財政に携わってきた猪山家の八代目が主人公である。外様大大名の加賀百万石も財政事情は厳しく、猪山家では一家の出費を抑えるべく、倹約を実行していく。これは藩という会社と類似した組織において、藩組織を守り農民から年貢を集めて管理する経理担当者のサラリーマン生活を描いた映画とみることができる。

同様に、一三年の**『武士の献立』**は、やはり加賀藩の賄方、料理に責任をもつ侍一家の物語だ。大藩加賀藩では幕府を饗応するため、独自の精進料理が発達し、賄方は重要な職であり、藩共同体を守る中間管理職として、その職分を親から子へと引き継いでいく。

西部劇では、自立した個人がフロンティアを求めて移動を続ける。そこで自らの力により所有権を獲得したものが勝者となる。戦のない平和な時代を描く時代劇では、人々は藩の共同体にとどまり、そこで「一所懸命」に集団に忠誠を尽くし、皆の信頼を得たものが敬われる。これは、今日に至る米国と日本の組織の違いを如実に表しているといえる。映画をみることで、日米の組織の行動原理の違いが、それぞれの国の近代化の歴史のなかでかたちづくられたものであることがよくわかる。

（「ＣＦＯ ＦＯＲＵＭ」二〇二一年一月二〇日）

コメント

第五章では、行き詰まっているようにみえる世界の資本主義の行方について、欧米との比較を行った。富の分配の問題だけではなく地球温暖化や環境問題などの新たな問題に直面する世界経済には、これを解決できるような新たな資本主義の枠組みが必要だ。欧州と米国では、宗教と個人の行動の関係から資本主義の制度が形成されてきた経緯がある一方、日本はこのある程度できあがった欧米流の資本主義を日本流に変換して受容してきた。

社会学者の橋爪大三郎教授は、米国の資本主義の背景について宗教を切り口に解明しようとした。欧州の個人たちは自主的に組織化され米国に集まり、神と個人との契約（Covenants）に基づき、地上での成功を求めて世俗的な経済活動にいそしむ。神の使命として勤勉に富を追求するために所有権を確立し、労働と資本の自由な移動を認める法のルールと、それを逸脱する者を監視する厳格な仕組みを定める。成功者が巨額の富を蓄積することは是認される。建国の父たちが考えたビジネスに対する政治の介入を最小にする仕組みは、国民に自助と自律の精神をもたらし、資本、土地、労働力に恵まれて自然資源の制約がなかったことが、創造的破壊に基づく生産性の持続的拡大を通じて、米国が世界のビジネスを主導することにつながった。

日本はそのような特殊な背景をもつ米国型の資本主義をモデルに、暗黙の信頼に基づいた長期的な関係に依拠した制度から、より明確なルールに基づく経済諸制度への転換を進めてきた。一九九五年度ノーベル経済学賞を受賞した経済史家ダグラス・ノース教授がいうように、いったんできあがった制度は変わりにくいので、国によってはその歴史や文化が特定の制度の導入を妨げ、先行の制度をその国の基盤をなす歴史や文化に適合するように調整する必要が生じる。

現在の世界の経済動向をみると、米中の対立を契機とするデカップリング、反グローバルの動き、米国など先進国での中間層の没落と貧富の格差増大、専制型の政治体制のもとでのグローバルサウス諸国の伸長、ウクライナや中東での戦争による世界の分断、地球温暖化による自然災害の増大など、米国中心の現代の資本主義体制を脅かす動きがみられる。

かつては国民全体を豊かにし、経済を発展させていくと考えられていた資本主義は、世界中で行き詰まりをみせている。資本主義のもとで自由に競争すれば、所得格差は縮小し、中産階級が興隆して健全な社会ができるというのが、経済学的な発想の基本であった。しかし現実には、そのような社会は実現しえず、貧富の格差の拡大が現在の世界の資本主義の最大の問題となっている。

トマ・ピケティの『21世紀の資本論』（みすず書房、二〇一四年。フランス語原著は二〇一三年）は、この問題を考えるに際しての基本書となっている。ピケティは長期データに基づき、資本からの収益率＞経済成長率（r＞g）の不等式を導いた。富裕国では資本収益率が五％程度なのに対し、経済成長率は二％程度であることから、資産をもつ者ともたざる者の間に持続不可能な所得格差を生んでいることを説明する。米国では、一九八〇年代後半以降、上位一％の所得層の所得割合が急増し、いまでは二〇％に達しようとしている。これは第二次大戦前の不平等社会と同程度の率である。このような格差の拡大は経済だけでなく、政治的に自由民主主義社会を脅かす大きな問題となっている。

消費、貧困、福祉に関する分析で、二〇一五年ノーベル経済学賞を授与されたアンガス・ディートン教授とプリンストン大学の経済学者アン・ケース教授の共著『Deaths of Despair and the Future of Capitalism』（Princeton University Press, 2020）（翻訳：『絶望死のアメリカ―資本主義が目指すべきもの』みすず書房、二〇二一年）は、資本主義の欠陥が米国の労働者階級を犠牲にしていることを明らかにして、二〇年の米国の経済書のベストセラーとなった。米国の白人高卒労働者階級では自殺、薬物の過剰摂取、アルコール依存症による絶望による死が急増している。大卒の労働者が豊かになっていくのに対し、家族や教会の価値観に支えられた中流階級を形成し米国社会を支えてきた高卒労働者階級の立場の弱体化が加速している。安定しない低収入の仕事と生活に追われ、医療も十分ではなく、老後に不安を募らせている。著者たちは本書で、希望のない現代の米国の格差問題を実証し、その解決策を提示しようとしている。

日本はまだ米国並みの格差社会に達していないが、貧困化が急激に進んでいる。野口悠紀雄は新刊『プア・ジャパン　気がつけば「貧困大国」』（朝日新書、二〇二三年）で日本の貧困化の進展に警鐘を鳴らす。かつて、「ジャパン・アズ・ナンバーワン」とまで称されたこの国は大きく退潮し、購買力は先進国で最低レベルに落ち込み、国民の多くが自覚のないままに、経済大国から貧困大国に変貌しつつある。野口は日本経済衰退の主因を、高度成長という成功体験が経済・社会構造を固定化した結果、世界の変化に対応できなかったことに求める。賃金が安い日本（勤労者の貧困化）、補助金依存体質になった製造業、経済全体のデジタル化の遅れ、に問題があるとし、日本型雇用モデルの改革を求めている。

このように格差をいかに是正できるかに、世界の多様な資本主義のなかでどこの国が生き残るかのヒントがある。日本は米国型の資本主義と伝統的な組織や個人の行動と折り合いをつけることに苦闘している。どのような資本主義を目指していけばよいのか。この問題は日本のビジネスパーソンにとっても重要なテーマになっている。

第6章

政治・経済・国際関係
——経営環境の変調を読む

§6-01

合理的に行動する米国人のプリンシプル

• 『Freakonomics: A Rogue Economist Explores the Hidden Side of Everything』
Steven D. Levitt & Stephen J. Dubner（William Morrow, 2005）
（邦訳：望月衛訳『ヤバい経済学』東洋経済新報社、２００７年）

二〇〇五年の夏休み、シカゴの下町の社会人ＭＢＡコースで教えている。教科名は「日本の経済、経営、金融」。一六名の受講生に聞くと、日本に興味があってこのコースをとっているのはわずか三名、あとは他に適当な科目がないので単位を埋めるため（仕方なく）とっているもようだ。夕方の五時四五分から九時までの授業だが、皆仕事を終えたあと時間どおりに出てきて、八時半ごろになると帰り支度にそわそわし始める。新しい知識に対する学習意欲よりは、単位を取得して早くＭＢＡを得たいという意欲をひしひしと感じる。米国での毎日の国際経済ニュースは中国の話題一色だ。一九八〇年代後半の日本一色だった時代を懐かしく思い出す。授業でも二〇回中、二回中国企業を取り上げることにした。学生の多くが日本など中国の一部としか思っていないのであるから仕方がない。

こちらに来て最初に本屋で見かけたのが、この『**Freakonomics**』（酔狂経済学）と題する経済書の平積みだ。発売以来一四週連続で「ニューヨーク・タイムズ」の、ノンフィクション・ハードカバー部門で一位を記録したベストセラーだ。経済書でこれだけ売れるのは異例といえる。本屋のレジでこの本を受け取った店員は、私を日本人とみて、「相撲の話も出ていて面白いよ」と教えてくれ、傍らの別の店員もうなずいていた。著者の一人はシカゴ大学の若手研究者で、四〇歳以下の優れた経済学者に二年に一度与えられるジョン・ベイツ・クラーク賞も受賞した将来を嘱望されている経済学者のようだ。著者たちによれば、そもそも経済学とは酔狂なもので、人々が日ごろ感じる疑問や問題意識を人間行動の経済的なインセンティブの観点から仮説化し、それをデータにより実証する学問だ。著者たちの主たる関心は人間が犯す不正や犯罪の動機にある。ここで論証される仮説をいくつか紹介してみよう。

- 九〇年代以降の米国での犯罪率の低下の原因は経済の活況や警察の検挙能力の向上にあるのではなく、七三年に女性の人工中絶権を認めた最高裁判決（注：ロー対ウェイド判決。二〇二二年六月、最高裁はこの判決を破棄してしまった）にある。望まれない子供の出生数の減少は、この判決がなければ生まれてきたであろう子供たちがティーンエージャーになる一九九〇年代に入ってからの犯罪率減少に最大の影響を与えた。
- 麻薬ディーラーの組織は企業と同様に合理的な組織で、末端の売人は最低賃金以下で四人に一人は殺されるリスクを負ってでも下積みから組織に入る。その理由は、トーナメント式の昇進と長期勤続により、トップへの階段を上ることで得られるインセンティブが大きいからである。
- 一般に人間行動の動機となるインセンティブは勝ったり向上したりすることにあるのだが、相撲のデータをみると、八百長が合理的インセンティブとなっていることがわかる。七勝七敗の力士が千秋楽に八勝六敗の力士と対戦すると勝つ確率が高い一方で、同じ取組相手と次回対戦するときには、前回勝ったほうが八〇％以上の確率で負けている。

この酔狂経済学者の視点の面白いところは、人間行動について一般に常識と思われていることをデータにより覆していき、思いがけない仮説を読者の前に提示し論証する点にある。市場経済の国である米国では、あらゆる専攻の学生が教養課程で理論経済学を何科目かとらされ、事実に基づくデータを集めた経済現象の説明法を叩き込まれる。学生が嫌うグラフや数式を使うことなく、平易な文章だけで日常的な不正や犯罪がらみの身近なテーマについて面白おかしく説明していくこの本は、経済学的思考法に慣れた米国人にとって、大変に興味を引くもののようである。

（「CFO FORUM」二〇〇五年九月一〇日）

§6-02

オバマ大統領の意義

- 『Yes We Can: A Biography of President Barack Obama』Garen Thomas（Feiwel and Friends Book, 2008）
- 『誰がオバマを大統領に選んだのか』越智道雄（NTT出版、2008年）

この文章は、（二〇〇九年一月の）オバマ大統領就任演説をインターネットでみながら書いている。オバマの登場は、一つの歴史に残る時代の転換点であり、オバマ自身とそれを動かす米国の大衆の背景をわれわれはみておく必要があると思う。その意味でオバマについて紹介した好著二冊を紹介したい。

オバマを通じてわれわれが理解すべきなのは、米国の特徴、とりわけ米国民の底なしの希望と力強さの源泉についてである。経済的に行き詰まりながらも、人々を支配しているのは、「今日は昨日よりよく、明日は今日よりよくなる」という前向きの考えである。これは一体どこから来るのであろうか。

米国には、「神の前に自立して環境に対峙する個人が国をつくる」という基本原理があるようだ。祖国での迫害から米国に逃れた人々は、土地の私有をベースとして、自分たちの前に立ちはだかる環境と戦い、自ら荒野を切り拓いて神の前にその成果を示す。国家の役割はそのような自立した個人の所有権を守るだけでいい。機会は皆に平等に与えられ、ルールの明白な市場での公平な競争が原則である。その仕組みが行き過ぎて危機が生じれば、国民は優れたリーダーのもとで団結して事にあたり、間違った仕組みを変革し、新たな未来を創造しようとする。しかし、最初に国をつくった基本原則は変わらない。

この基本原則は、さまざまな人々が祖国を去り米国に集まったという独特の国のあり方がベースにあり、日本がそれをまねできるわけではない。そもそも日本は、オバマの就任演説にワシントンに集まった二〇〇万人の国民大衆の思想や行動の基層にあるものは無視して、戦後あまりにも楽観的に米国の制度や仕組みをその表面だけみて導入してきたという問題点があると思う。金融危機で挫折しかけた米国の未来への再挑戦を、このグローバルな時代に、多様な文化を経験し広い視野と深い理解力をもち、さまざまな異なるものを融合する力を生まれながらに与えられた新たなリーダーに託そうというのが、オバマ時代の本質である。

『Yes We Can』はオバマの生い立ちを自伝やさまざまな資料を引いて要領よくまとめ、ケニア、インドネシア、ハワイ、カリフォルニア、ニューヨーク、シカゴとたどった彼のアイデンティティ探しの旅を、二一世紀の多様な米国民の未来を探す旅に重ねる。そこで、多様な素質と経験をもつオバマこそが、米国だけでなくグローバルな世界をまとめていくにふさわしいリーダーであることを読者に理解させる。米国の若者向けに書かれた本で、高校生にもわかるような平易な英文で、分量も少ない。丸善などで一〇〇〇円札一枚で手に入る本なので、この機会に彼の英文スピーチも含めて、英語でオバマというものを理解するのに最適の本だ。

『誰がオバマを大統領に選んだのか』は米国文化の専門家である越智道雄明治大学名誉教授（注：二一年死去）が、全米を移動して大統領選を追いながら、白人／アフリカ系米国人、男性／女性、キリスト保守派／リベラルといったさまざまな異なる切り口と、それぞれの地域独自のはぐくまれた思想や考え方とをクロスさせて、一体どのような層がオバマを支持し、下馬評では支持率が低かったオバマがいかにして大統領になるに至ったかを分析する。そして最後に、孤立した白人も団結したアフリカ系米国人も、政治に希望を失っていた若者も、米国民そして社会の総体が、アフリカ系の大統領を著者の表現によれば米国の「弥勒菩薩」的救世主としてあがめるに至った理由を興味深く抉り出す。この本を読むと、米国は独特の国であることを再認識させられる。

（「CFO FORUM」二〇〇九年三月一〇日）

§6-03

経済学は役に立つのか

- 『Grand Pursuit: A Story of Economic Genius』
  Sylvia Nasar (Simon & Schuster, 2011)
- 『世界の経営学者は今何を考えているのか―知られざるビジネスの知のフロンティア』
  入山章栄（英治出版、2012年）

今年（二〇一三年）一月、全米から研究者が集まる米国最大の経済学関連学会の年次総会が、サンディエゴで開かれ参加した。シンポジウムでは、ローレンス・サマーズ、ポール・クルーグマン、ジョージ・ルーカスなどの著名な学者たちが、米国やユーロの財政、金融、雇用問題について活発な議論を交わしていた。その背景には、グローバルな経済危機に対して、伝統的な経済政策の効力が失われていることがある。既存の経済学の理論が十分に機能しなかったという反省のもとに、問題の解決に役に立つ新しい経済学が必要であるとの議論だ。そもそも経済学は現実の貧困や雇用問題を解決する政策科学として発展してきた。いまこそ現実の問題に対処できる経済学が必要であるとの経済学者たちの強い意思を感じることができた。

高齢化と労働力の減少のもとで、長い低迷期にある日本経済については、そのデフレや膨大な財政赤字の問題も含めて、先進国経済の先頭を走る経験をしていると認識され、これを分析し、そこから新たな理論を打ち立てる重要性が語られていた。

そこで今回は、経済学や経営学が社会科学として社会の問題の解決にどのように役に立つのかを考えるのにふさわしい、わかりやすく書かれた良書二冊を選んでみた。

『Grand Pursuit』は、ゲーム理論のジョン・ナッシュを描いたベストセラー伝記『ビューティフル・マインド』の原作者で、コロンビア大学ビジネス・ジャーナリズム講座のネイサー教授による経済学の歴史の概説書だ。いまから二〇〇年以上前、チャールズ・ディケンズの時代のロンドンで貧困問題を解決するために始まった経済学者の取組みの歴史を、さまざまな挿話を交えて物語風に興味深く描く。

当時世界の最先進国で、さまざまな経済問題を他に先んじて経験した英国からは、ウィリアム・ジェボンズ、ビアトリス・ウェッブ、アルフレッド・マーシャル、カール・マルクス等による経済学が生まれた。その後ジョン・ケインズやフリードリッヒ・ハイエク、ヨーゼフ・シュンペンターと経済学は発展し、英国から欧州大陸、米国、さらには世界の経済問題へと展開し、ポール・サミュエルソン、ミルトン・フリードマン、アマルティア・センと途上国経済の問題にまで関心が広がった。この政策科学としての経済学の発展とそこで格闘する経済学者たちのドラマを著者は本書で展開している。世界が新たな政策科学としての経済学を求めているいま、この本を手にとり、もう一度先人の努力をたどってみる意味は大きい。

『世界の経営学者は今何を考えているのか』の著者入山章栄は、ピッツバーグ大学で経営学博士号を取得し、ニューヨーク大学バッファロー校ビジネススクールの教員になった新進の研究者である（現在は早稲田大学大学院経営管理研究科教授）。世界をリードする経営学研究の最先端の動向を、一流のジャーナルに掲載された優れた論文を紹介しながら、わかりやすく解説する。著者は、日本でありがたく奉られるドラッカー本や「ハーバード・ビジネスレビュー」の論文は、経営学の研究者からは科学的な研究とはみなされていないとする一方で、量的なデータを駆使した米国流の研究にも限界があることを指摘する。米国ではエビデンスに基づいた実証研究を一流のジャーナルに発表しないと、ビジネススクールの正教授にはなれない。経営学という学問分野の先端では、どのように競争が行われ、それが科学としての経営学の確立にどう寄与しているのか。読者は、このよく調べて書かれた本を読むことで、さまざまなことを学ぶことができるだろう。努力した実証研究の裏づけがなければ、ビジネス教育はおぼつかない。日本で「経営学」と称するものには、単なる経験談であったり、根拠もなく大胆に自己の意見を主張したりするものが散見される。それは科学としての経営学とは言い難いものなのだ。

（「ＣＦＯ ＦＯＲＵＭ」二〇一三年三月一〇日）

§6-04

映画で世界がわかる

- 『今日も元気だ映画を見よう』
  芝山幹郎（角川新書、２０１４年）
- 『The Great Movies Ⅰ, Ⅱ, Ⅲ』
  Roger Ebert（Ⅰ―Three Rivers Press, 2003　Ⅱ, Ⅲ―University of Chicago Press, 2006, 2011）

「ＣＦＯ ＦＯＲＵＭ」でこのコラムを担当し、もう一〇年以上が経った。その時々のトピックにあわせた日米の本を紹介し、日米の経済や経営の比較をするというのが、この書評欄の目的であった。私は金融機関に勤めていた時代に米国の西部、東部、中西部の三カ所で生活する機会をもらい、その生活のなかで米国のノンフィクション、特に経済・経営関連書を原書で読む癖がついた。米国のノンフィクション経済・経営書は、当事者への詳細なインタビューなどを通じ、事実が現場にいるかのように再現される。たとえば金融危機時の金融機関経営者の行動といったテーマなどは、まるで人気ドラマをみるようにワクワクして読むことができる。日本のどちらかといえば著者の個人的独白や感慨にふけることが多い同種の本よりも新鮮な視点が得られることが多く、この書評欄ではそれらを中心に紹介してきた。

今回、「ＣＦＯ ＦＯＲＵＭ」がデジタル・オンライン化されることになったのを機に、日米比較に中心テーマを置いて、経済・経営からやや広がったテーマについても紹介していきたい。特に、私は最近高齢者の仲間入りをしてから、洋書の細かい字を読むのがやや億劫になってきて、かわりに米国などの外国映画を映画館やビデオでこれまで以上にみるようになった。そこで、このような映画を通じた日米の比較も時に交えていきたい。

その手始めに、映画の日米比較がなぜ面白いのか、同世代の映画批評書を紹介するかたちで、所論を述べてみることにする。私は金融機関に二〇年以上勤めた後、大学で経営学を研究するようになったが、その過程で、経営学の理論書に書いてあることのほとんどが、映画でその事例をみたことがあることに気づいた。映画は組織の運営や個人の働く姿をとらえており、世界の映画をみることで、それぞれの国で働く人と組織との関係が目の前に繰り広げられる。過去の映画をビデオで借りてもよい、また、現在上映中の映画でもよい、暗闇のなかで人の働くさまとそこでの組織のありように焦点をあわせて映画をみていると、経済や経営に関する貴重な知見が得られるのだ。

たとえば、この（二〇一四年）七月にみた新作映画を二つあげよう。一つは中国映画『罪の手ざわり』だ。この映画から、中国の受託製造業で働く若者の貧しく将来のみえない生活がよくわかる。もう一つは日本の時代劇『超高速！参勤交代』だ。この映画では、東北の弱小藩のサラリーマン侍が藩主と運命を共にして忠勤に励むさまが面白おかしく描かれている。日本の現代につながる等身大の忠勤サラリーマン映画だ。

そこで、皆さんがこのような映画を選ぶのに参考になる本を紹介しよう。邦書では最近出た『**今日も元気だ映画を見よう**』がお勧めだ。著者の芝山幹郎は私と同じ団塊の世代で、映画だけでなくワインや野球など多様なジャンルで評論を手掛ける。映画評では、日本経済新聞の土曜版に長年「今週の一本」を連載していたのでおなじみの方もいると思う。忙しい人が一目で読めるように、一本の評が約六〇〇字、短いが映像が目に浮かぶような端的で鋭い批評家である。この少し分厚い新書版には、戦前の名作から最近の話題作まで、多種多様な映画が三六五本取り上げられている。第二次大戦の英雄として有名なパットン将軍を描いた『パットン大戦車軍団』の評をみると、「強くて、もろくて、孤独な男の姿を重層的に描く」とある、まさに現代のCEOの姿である。この三六五本のなかから面白いと自分が感じる映画を選んでみる。西部劇や組織犯罪、スリラー映画は芝山のお手のものなので、まずこのあたりからみてみると、日米の組織の違いがよくわかるようになる。

英語の映画評論では米国の映画評論家の第一人者ロジャー・イーバートの『**The Great Movies Ⅰ, Ⅱ, Ⅲ**』がお勧めできる。彼の代表的な映画評が三分冊に分けて、それぞれ約一〇〇本ずつ歴史に残る世界の名作として取り上げられている。これは映画をみたあとでじっくり読みたい批評集だ。いまはアマゾンで簡単に手に入るので、このなかのⅠだけでも手元に置くとよい。

気に入った映画をイーバートの名批評でも読んでみると、味わいが必ず違ってくる。なお、この本を買わなくてもネット上にイーバートの全映画評を入れたホームページがあるので、こちらで探して読むという手もある。忙しいビジネスパーソンには、洋書を読むより外国映画をみるほうが、世界の経済・経営を理解する近道だといえる。

（「ＣＦＯ ＦＯＲＵＭ」二〇一四年九月一六日）

§6-05

ポピュリズムの厄介な時代

- 『Lies, Incorporated: The World of Post-Truth Politics』
Ari Rabin-Havt and Media Matters for America（Anchor, 2016）
- 『ポピュリズムとは何か』
水島治郎（中公新書、２０１６年）

「オックスフォード英語辞典」は、二〇一六年の言葉として「ポストトゥルース：post-truth」（客観的事実よりも、感情や個人的信念に訴えるものが影響力をもつ状況の意味）を選び、メリアム・ウェブスターが選んだのは、「シュルリアル：surreal」（本当とは思えないような、しかし本当に起きた〔出来事〕の意味）という言葉であった。

この原稿は、（二〇一七年一月二〇日の）トランプ大統領の就任演説の翌朝、就任演説の録画ユーチューブを聞きながら書いている。トランプは、「グローバル化のなかで職を奪われ貧困に苦しみ教育も受けられないアメリカ人の大虐殺を、アメリカファーストの政策でストップさせる」という。この演説ほどポストトゥルースでシュルリアルなものはないようにも思える。演説のなかでは、オープン経済のもとで繁栄し世界の優れた頭脳を惹きつけ成功した米国は忘れ去られ、この繁栄を米国に協力してもたらした同盟国やその企業は敵対する存在とみなされている。いよいよ世界はかつてない不確実な時代に入った可能性が高い。トランプは主要なメディアをバイパスして直接国民に政策を語りかける手法をとる。これはポピュリズムの世界である。このような時代に生きるわれわれは、政策や思想の背景にあるものをきちんと分析し理解しておく必要がある。今回はこの現象の背景を一般の人にわかるように解説した最近の本を探してみた。

『**Lies, Incorporated**』は、アマゾンで「post truth politics」と検索して最初に出てきた最近よく読まれている本のようだ。書名は「組織化された虚偽」とでも訳すのか、業界や企業などから資金を得た専門家が自らに都合のよい調査レポートを作成し、それをメディアを通じて、場合によっては資金を投じたキャンペーンを通じ国民に流すことで、政治的決定に影響を及ぼすことを指すとされる。著者とそのグループは、保守的なメディアの引き起こすさまざまな問題を調査する、ジョージ・ソロスが最大の資金提供者となっているリベラルなメディア分析組織に所属する。本書では、表面はＮＰＯ等を装う業界や企業から資金の提供を受けた調査機関が、偽りの情報を真実であるかのようにメディアに流すことで、オバマ前大統領が「チェンジ」の理念のもとで変革しようとした最低賃金の引上げや銃規制強化の大統領令等のさまざまな政治的な提案をつぶしたり現状維持に追い込んだりした多くの事例を、詳細にわたって取り上げ、この「組織化された虚偽」がワシントンの政治プロセスにいかに戦略的に根づいているかを示している。

事例は細かいものが多いので読者はすべてを読む必要はないが、巧妙に仕組まれたメディアを通じた戦略的な偽りの情報による政治操作が横行する現実については理解しておく必要がある。もともとワシントンの政治は、業界や企業の意向を受けて法案に影響を与えるロビイストが活躍する世界であった。

これに対して「組織化された虚偽」は、利害団体や企業がコストを負担しながら表に出ないようにして公正・中立を装った調査機関につくらせた真実ではない証拠（Lies）をメディアを通じて大衆に信じさせることで、戦略的に政治プロセスに影響を及ぼしている。メディアが重要な役割を果たすところがロビイスト活動と異なる点と思われる。

この本に目を通して思ったのは、〈保守〉メディアが流す政治判断の裏づけとされる情報には虚偽のものが多いという本書の主張が、トランプに逆手にとられて、ＣＮＮや「ニューヨーク・タイムズ」「ワシントン・ポスト」といったリベラルなエリート・メディアが嘘で固められているというトランプの一般大衆向けの論理を支えることにもなっているのではないかという皮肉な現実である。既成の政治に失望したリベラルな若者や知識人が、ヒラリー・クリントン候補ではなく直接民主主義を訴えるバーニー・サンダース上院議員を最後まで支持し、どちらかといえば下層の白人を中心とする中年層が逆の立場から既成の政治に頼らず直接に政治を変えることを主張したトランプを支持した今回の大統領選は、反エリート主義で直接参加の大衆扇動型のリーダーを求める時代が来ていることを示している。

『ポピュリズムとは何か』は、このような大衆迎合主義を示すポピュリズムについて理論的歴史的に解説した良書である。新書で読みやすいのでぜひ読まれることをお勧めする。著者は欧州政治史の専門家で、民主主義の先進国である欧州諸国に広がった移民排斥やＥＵ批判等のポピュリズム政党を研究してきた。二年半をかけてポピュリズムについて調べその理論的背景をよくまとめた本書は、問題点の複雑さを理解するのに格好のテキストだ。

幅広く国民に直接訴える下からの運動の特徴をもつポピュリズムは、斬新な手法でエリートではなく広く国民に直接アピールする指導者をもち、それは決して民主主義に相反するものではなく、民主主義の原理に内在するものであるとする。そのようなポピュリズム政治においては、既存の政治エリートやメディア、高学歴層は特権層として批判の対象となり、移民排斥等のタブーを声高に主張し、大衆と直接対話するカリスマ的リーダーが出てくることが共通の特徴となる。そこでの主張の多くが、国民投票や直接選挙といったかたちで、民主主義の理念そのものと重なる部分が多いのだと、スイス、オーストリアやオランダなどの民主主義の成熟した欧州の小国での最近のポピュリズム政党の急拡大などを事例に引きながら指摘する。欧州各国でのこれらの政治勢力の伸長とその国を越えた協調が進んでいるが、本書を読むとその背景がよくわかる。

このようにポピュリズムは民主主義に寄与する面もある一方で、国民の対立や分裂を招き、少数派を抑圧するリスクがある。発展した民主主義国では、一般にポピュリズム政党は社会改革や大衆の政治参加を通じた政治の活性化を進めることで民主主義の質を高めるが、そうでない国ではリスクのほうが大きくなるというのが著者の分析である。ポピュリスト政治家は現代民主主義の矛盾を体現しており、一種の大衆受けの正論を吐く厄介な闖入者のようなものであり、これらといかにうまく付き合い、どう遇するかというところに民主主義の真価が問われているのだと著者は結んでいる。

こう考えてくると、世界は厄介な時代を迎えていることを実感できる。ここしばらくわれわれはこのポストトゥルースとポピュリズムの政治の世界の動きにうまく付き合っていく必要があるが、その背景をしっかりとらえて表面的な動きに左右されないようにすることが重要になる。

（「CFO FORUM」二〇一七年二月一五日）

§6-06

英国、このしたたかな国

・『ユニオンジャックの矢―大英帝国のネットワーク戦略』寺島実郎（ＮＨＫ出版、２０１７年）
・『Empire: How Britain Made the Modern World』Niall Ferguson（Penguin, 2009）

梅棹忠夫によれば、産業革命が世界の中心にあった四大文明圏ではなく英国という世界の中心から離れた島国で生じ、それが非西洋国では極東の島国日本において少し遅れて生まれたのは、両国が大陸からの侵略を避ける一方で、大陸の文明を導入するのに程よい距離にあったことに主たる理由があるとされる（梅棹忠夫『文明の生態史観』中央公論社、一九九八年）。日本と英国は地球の両端でほぼ同じような環境に置かれ、工業化の成功や、議会民主制で立憲君主制をとることなどの共通項がある。しかし、現時点で両国の世界への影響力をみると大きな隔たりがある。大英帝国は没落したが、ＧＤＰと人口で上回る日本よりもはるかに影響力をもつ国家として、英国はしぶとく生き延びている。

寺島は、四〇年以上にわたり英国を定点観測してきた経験と知識をもとに、英国の潜在力の源泉は、旧大英帝国の国や地域を緩やかにつなぐ金融や情報のネットワーク力にあるとする。ロンドンのシティ・ドバイ・ベンガルール・シンガポール・シドニーを結ぶラインを、寺島は書名の『**ユニオン**

ジャックの矢』と名づけ、この固く結ばれた矢をつなぐエンジニアリング力、すなわち多様な人材を活用して課題解決に向かう全体知に、英国の強みがあるとする。本書で寺島は、四〇〇年にのぼる時間軸のなかで、軍事や産業面での覇権を完全に喪失し表面は衰退化したようにみえながらも、過去の植民地関係を金融を中心とするソフトパワーとネットワーク力のなかに温存し、その影響力を維持して現代に生きる英国を、生き生きと描いている。

私自身、一九八〇年ごろ、英国のマーチャントバンクの傘下でサウジアラビアの現地銀行のなかに設置された情報とエンジニアリング力を提供するチームに、日本の銀行から派遣され働いた経験がある。そこでは、英国人の幹部が米国や他の国々からのプロフェッショナルを率いて、英国法や欧米流の財務管理に裏打ちされた専門性と世界に広がる人脈により、日本の金融機関ではまねできないような高度な金融サービスを提供し、大きな付加価値を得ていた。当時サウジアラビアの隣のドバイは中東における物資集散の大きな港ぐらいの存在であったが、いまや巨大な金融・情報・観光の中心となり、英語と英国法のプラットフォームのもとでさまざまな開発プロジェクトが稼働している。そこでは寺島の主張にもあるように、ラグビー、サッカー、テニス、クリケットなどのスポーツや音楽など、英国起源の共通の文化が現場のコミュニケーションを円滑に運ばせる潤滑油のような役割を発揮している。

寺島はまた、英国のEU離脱についても、シティの中心が実体経済とリンクした産業金融から、フィンテック型金融サービスなどシャドー型の金融企業に移りつつあることが無関係ではないとする。金融危機以降、EUがさまざまなかたちで金融規制を強化する動きをシティが嫌ったことが、EU離脱の伏線になっていると寺島は指摘する。

寺島の深い歴史的思考と幅広いグローバルな経験で英国の現代史とそのグローバルな影響を俯瞰した本書は、日本の今後を考えるのに貴重な材料を多く提供しており、グローバルな場面で仕事をすることの多い日本のビジネスパーソンにお勧めの本である。

このような刺激的な著書に触れると、どうしても大英帝国の歴史の経済社会的側面に興味がわいてくる。そこで、そのような洋書はないかと探していたところ、現在英国歴史の学者として最もポピュラーで、ロスチャイルド家やウォーバーグ家の歴史書や、邦訳もある『The Ascent of Money』（邦訳：『貨幣の進化史』）など金融史の著書も多いハーバード大学のファーガソン教授の著書『**Empire**』に行き着いた。

ファーガソンの興味は、小さな島国である英国がなぜ世界の四分の一を支配する大帝国を築くことができたのか、その帝国主義的支配は本当に歴史的に悪であったのかの二つに向けられている。そこで、島国の小国である英国が、海賊、入植者、宣教師、植民地統治役人、銀行家、そして東インド会社に象徴される一種の略奪装置による富の収奪、植民地の奴隷供給地化、プロテスタントの布教などを通じて四大陸に進出し、大英帝国を築き、その帝国が二〇世紀に衰退するさまを挿話を交え具体的に描く。このように、植民地帝国主義には奴隷制度や富の収奪等の負の側面が数多くあったとしつつ、一方でファーガソンはそれがグローバリゼーションが進む世界に、自由貿易や労働力や資本の自由な移動、税制を含む近代資本主義の制度、取引基盤となる英国法、議会制民主主義、公用語としての英語、プロテスタントの宗教といった制度を確立することで、影響力を残したことを肯定的に述べている。国の優位は制度的影響力の優位に基づくというのがファーガソンの歴史記述の基礎にある。

現代の英国は金融以外に目立つ産業をもたない西欧の一国となったが、世界の共通言語としての英語、議会制の自由民主主義のもとでの近代資本主義のインフラを提供し、グローバルな情報伝達の基礎となっている。このようなインフラ制度は、英国の植民地主義の帝国建設なしには世界に広がらなかったことは間違いない。産業国家日本の優位が中国にとってかわられた現在、日本が同様のソフトパワーでアジアに影響を及ぼすことがどこまでできるのか、寺島の提起する課題はわれわれに重くのしかかる。

（「ＣＦＯ ＦＯＲＵＭ」二〇一七年一〇月一六日）

§6-07

地域経済の衰退と再生

- 『Janesville: An American Story』
  Amy Goldstein（Simon & Schuster, 2017）
- 『地方創生論にみる「まち、ひと、しごと」』
  濱田康行・金子勇（「経済学研究」北海道大学、67巻―2号、２０１７年）

『Janesville』は二〇一七年の「FT/Mckinsey Business Book of the Year Award」を受賞した米国の地域経済と社会に深く切り込んだ読み応えのある本だ。

著者は、同時多発テロ攻撃への米国政府の対応をめぐる報道でピューリッツァー賞を受賞した「ワシントン・ポスト」の取材チームにも属していたベテラン女性記者である。一九一九年に最初の工場を開き、二〇〇八年のリーマンショックにより閉鎖するまで九〇年間にわたりＧＭ城下町として栄えた、ウィスコンシン州の人口六万三〇〇〇人の中都市ジェーンズビルの失業労働者家族を六年間にわたり密着取材し、工場閉鎖後の労働者の生活と地域社会の変貌を描いている。ジェーンズビルはシカゴとマディソンを結ぶ高速道路沿いの古い街で、往時ＧＭだけで四八〇〇人を雇用するほか、多数の住民がＧＭの関連企業や下請企業を安定雇用先として親代々勤め、中産階級労働者の街として繁栄した。

しかし、リーマン不況後のＧＭ工場閉鎖により安定的な雇用は失われ、中間層が消滅し、伝統的な共助のためのさまざまなフィランソロフィー組織も地域を支える力を失っていく。経済の再生を目指し、政府の補助金などを活用して医療などの新しい企業が立地し、また新たな事業を起こし自ら道を切り拓く層が出てくるが、その雇用吸収力は小さく、製造業の失業者を賄うには不十分であった。職を失ったＧＭ労働者の四分の一は、解雇前の時給二八ドルの安定雇用から、ＧＭ救済の条件となった新たな労働協約に基づく時給一四ドルの低い賃金でインディアナ州等の工場に雇われ、親代々住むこの街から長時間かけて通うことになる。それ以外の失業者の多くは高卒程度の学歴しかないので、政府補助の職業転換教育プログラムに参加して地元のテクニカル・カレッジに通い再教育を受けるが、その多くが学習に適応できず途中で脱落したり、教育を終えても低賃金で不安定な職に終わってしまう。

そこからみえるのは、地域のなかで学歴も高く米国人特有のキャンドゥ精神（やる気）で自ら道を切り拓き成功していく少数のグループと、所得の大幅減と雇用の不安定化により貧困に陥っていく多数の学歴も高くない労働者層の二極化と、格差の拡大である。政府のさまざまな対策も行き届かず、家庭が崩壊し子弟の教育も困難となり、歴史のある伝統的な地方都市の共同体が崩壊していく。一七年の時点でジェーンズビルの失業率は四％と完全雇用に近い状態にまで戻っているが、その実態は大幅な賃金と生活レベルの引下げである。景気回復の兆しがみえる米国の地方都市において、社会を支える中間層が薄くなり、所得格差の拡大によって分断される地域の現状が本書を読むとよくわかる。

日本で同様の分析を探したところ、地域の経済と社会について長年研究してきた二人の研究者が共同で発表した『**地方創生論にみる「まち、ひと、しごと」**』の論文が目についた。インターネットで簡単に閲覧でき、著者たちが当初は新書版で出版することを考えたという内容は、読みやすい。

著者たちは北海道大学でそれぞれ社会学と経済学の立場から地域の衰退と再生の問題に長く取り組んできた。その研究成果から、日本の従来の地方振興策は、ミクロの農業や中小企業の支援政策であったが、巨額の予算に比して芳しい効果はあげていない。一方で、近年の地方創生策は成長志向のマクロの経済での対応となっているが、すでに疲弊の度を深めている日本の多くの地方は経済再生を果たし世界に伍して競争していけるような状況にはないので、結果的に巨額な資金の地方へのばらまきと、それを受け取った地方都市の企業誘致や似たような創業施策の乱立などによる混乱につながっているとする。

そこで著者たちは地道にそれぞれの地方のもつ資源と目標、住民の意欲を見直す必要性を強調する。いくつかの地方でのフィールド事例をベースに、地方再生に取り組むＮＰＯ等のミクロの中間組織、それとマクロの地方再生をつなぐコミュニティ、そしてその目標を支えるリーダーの役割に注目する。地方に根づいたＮＰＯ等の中間組織が地場産業や中小企業と結びつき、地域のもつさまざまな資源を生かして、そこに根づいた人材が方向性を定め、地域のリーダーシップを発揮させ住民の意欲の向上で地方の再生を図る地域再生のモデルの枠組みを提示している。

地方の再生と衰退にかかわる米国の調査報道の労作と日本の学者の論文に共通するのは、政策的に地方を再生することのむずかしさである。ベンチャー精神が強い米国では、既存の製造業が衰退しても新しい企業が地方からも出てくるが、それは従来の製造業のように多くの安定的な収入や雇用を地方にもたらすことはない。政府による社会政策や経済政策にも限界があり、地域経済が弱体化すれば中間層により支えられた地域共同体の共助の力も弱まる。地方に住む人々が主体となって地道に自らの生きる道を探る以外には、地域が徐々に衰退することは避けられない現実であることを、これらの著作は示している。

（「ＣＦＯ ＦＯＲＵＭ」二〇一八年二月一五日）

§6-08

トランプ大統領を止めた米国の統治制度

- 『Fear: Trump in the White House』Bob Woodward（Simon & Schuster, 2018）（邦訳：伏見威蕃訳『ＦＥＡＲ恐怖の男―トランプ政権の真実』日本経済新聞出版、２０１７年）
- 『アメリカ大統領の権限とその限界』東京財団政策研究所監修、久保文明・阿川尚之編（日本評論社、２０１８年）

トランプ大統領に対する一般の評価は次のようなものだろう。「目立ちたがり屋で他人の意見には耳を貸さない過激な思考の不動産ビジネスのワンマン・オーナーが、政治の知識や経験もなく大統領になった。移民から国を閉ざし、国際協調と自由貿易体制を否定し、米国ファーストの名のもとで次々と独善的な政策をとり、世界を混乱に陥れている」。日本人からみると、このような大統領のもとで米国の将来は大丈夫なのかと心配になる。

発売されたばかりのベストセラーでトランプの政策決定の内情を知り、研究書で米国の大統領権限の枠組みとその展開をひもとくと、この国では多少問題がある大統領が出てきても、その権力行使の行き過ぎには抑制がかかっていることがわかる。

『Fear: Trump in the White House』は、すでに日本のマスコミでも話題になっているので紹介するまでもないが、著者は「ワシントン・ポスト」の記者としてウォーターゲート事件に始まり、内部通報者に密着しインタビューを重ねて事実を確認する調査報道の手法で、歴代の大統領の行動の実態を読者の前に明らかにしてきた。本書の題名はトランプの「権力の源泉は恐怖Fearである」という言葉からとられている。

本書によれば、トランプ大統領はマスコミから自分がどう扱われているかを何よりも気にする自意識過剰の人で、毎日六～八時間もテレビの前に座り各局のニュースショーをチェックする。側近を信頼できずすぐ首にするので、腹を割って話せる部下は少ない。何事も自分ファーストで、重要な意思決定を閣僚にも告げずツイッター（注：現X）で直接国民に伝える。しかし政策決定は議会に阻まれ、司法のチェックも厳しく、大統領命令を連発しているようでいて、これまで議会で承認された法案は共和党主導の減税法だけである。ロシア疑惑の捜査はトランプに悪夢のようにのしかかり、その対応を考えて日常の仕事が手に付かない。このように表面的には強気のようでいて、裏では自分が指名した高官からも馬鹿にされ、政策の実現が思うようにいかない寂しい権力者の日々が、ホワイトハウスの現場のやりとりを再現した具体的な記述から伝わってくる。

そもそも米国の憲法は独善的な大統領が出ることを想定して、さまざまな権力抑制の仕組みを最初から考えていた。**『アメリカ大統領の権限とその限界』**は米国大統領の権力を抑制する仕組みとその変遷について、わが国の専門家たちがコンパクトにまとめた有用な本だ。著者たちによれば、合衆国大統領は連邦議会と連邦最高裁判所による牽制を強く受け、三権分立の統治制度が非常に堅固に構築されている。他の大統領を置く国々と比べてもその権限は限定的である。大統領のもつ外交上の条約締結権、軍司令官としての交戦権、高官の人事権なども最終的には議会の承認が必要だ。他方、四年の任期は事実上保証され、弾劾裁判の規定はあるものの、裁判では上院の出席議員の三分の二以上の賛成が必要なので、任期途中で有罪となり失職した大統領はいない。

このように憲法制定者は大統領権限を限定して合衆国憲法に規定すると同時に、権限の行使に歯止めをかける仕組みを工夫している。この憲法の規定の解釈は時代とともに変わっている。一九三〇年代から六〇年代ごろまでは、大統領の権限を大きくする流れがあったが、それがニクソン大統領のスキャンダルやベトナム戦争の泥沼化などを経て、権限は抑制され小さな政府の方向に動いているという。

現在では議会の力がかなり強くなっている。オバマ大統領は、オバマケアやパリ協定、不法滞在移民の子弟の保護などの重要な政策を実施してきたが、実は共和党多数の議会とのねじれで法案を議会に通すことができなかった。そこでオバマは諸政策を、大統領令による法的抜け穴を使い無理を重ねて実現してきたので、トランプ大統領は議会に諮ることなくオバマの政策を自らの大統領令で覆すことができた。本書では大統領令の具体的な効力や限界についても解説されている。最近では最高裁だけではなく州の司法長官が大統領の決定に憲法上の疑義を呈することも増えており、三権分立のバランスは機能しているようだ。

この二冊の本を読むと、米国はわれわれが想像する以上に法の支配が貫徹し、統治の仕組みがしっかりした国であることがわかる。多少おかしな大統領が出てきてもあまり心配をする必要はなさそうだ。

（「CFO FORUM」二〇一八年一〇月一五日）

§6-09

日本を追い上げる近くて遠い国　韓国

・『韓国社会の現在―超少子化、貧困・孤立化、デジタル化』
春木育美（中公新書、２０２０年）
・『Samsung Rising: The Inside Story of the South Korean Giant That Set Out to Beat Apple and Conquer Tech』
Geoffrey Cain（Currency, 2020）

ＯＥＣＤ統計で日本と韓国の一人当りＧＤＰを比較すると、一九八〇年に日本二万二一二〇ドル対韓国五万四九一ドルと四倍の差があったのが、二〇〇〇年には三万六一六九ドル対二万二四一八ドルに差が縮小し、最新の一九年では四万二二二六ドル対四万一五〇四ドルと僅差になり、日本が韓国に抜かれるのも時間の問題となっている（出所：https://stats.oecd.org/Index.aspx?DataSetCode=PDB_LV#、二〇年一〇月三日アクセス）。

「THE（タイムズ・ハイヤー・エデュケーション）」の二一年の世界大学ランキングによると、二〇〇位内に入る日本の大学は東大と京大の二校だけに対して、韓国は七校がランク入りしている。

かつてソニーはサムスン電子が目標とする会社であったが、「フォーブス」の「世界企業ランキング二〇二〇」では、サムスンの一六位に対し、ソニーは五六位とその地位は逆転し、差は大きく開いている。

ネットフリックスの日本で配信されているドラマシリーズのランキングでは、このところ長期にわたり『愛の不時着』と『梨泰院クラス』の韓国ドラマが一、二位を占めていた。昨年のアカデミー賞では『パラサイト　半地下の家族』が外国映画賞ではなく作品賞を受賞したことは記憶に新しい。

このように、経済面で韓国が日本を追い上げ、エレクトロニクス、高等教育、映像コンテンツなどの分野では日本は韓国にすでに追い抜かれている。このような最近の韓国経済の背景を知るために、社会の現状を分析した最新の日本の新書『**韓国社会の現在**』と、米国でビジネス書のベストセラーとなっているサムスン電子のアップルとの競争を中心に描いた『**Samsung Rising**』を読んでみると、その経済成長の光と影がよくわかる。

『韓国社会の現在』の著者は、韓国社会の格差の問題について研究する社会学者である。本書はハイスピードで経済成長が進んだ韓国社会のひずみに焦点を当てている。日本の法制度や企業の仕組みを導入した韓国は、大統領制のもとでの法制度変更に関する意思決定の速さ、デジタル化や高等教育の英語化、国際化によるグローバル経済への適応等で進んでいる一方で、女性が結婚しない社会になり、少子化が急速に進み、そこからさまざまな将来への課題が出てきている。また、「先成長・後分配政策」により年金や社会保障の制度構築が遅れ、高齢者の貧困化、孤立化が進んだ。

大学進学率七〇％の国民総高学歴社会において、英語を自由に操りグローバルに活躍する若者を輩出し、多くの大学に置かれた演劇映像学部で教育を受けた人材が世界をリードするコンテンツ産業を生む一方で、過度の競争社会がもたらすさまざまなゆがみと若者の失業を生み出している。

このような韓国社会の光と影の実態を、本書は豊富なデータや具体的な事例に基づき分析しており、国のあり方を長期的にみずに、短期的に目先の世界の動きに追随せざるをえなかった国家の現状と課題がよく理解できる。

創業者の父から事業を引き継ぎ一九八七年に会長に就任後、強いリーダーシップでサムスン電子を二流の財閥から世界の半導体や携帯電話のリーディング企業に育てた李健熙会長が、（二〇二〇年）一〇月二五日死去した。私は一九八〇年代中ごろ、大手邦銀に勤務しサムスン電子との融資取引を担当していた。当時サムスン電子ジャパンが川崎に新設した研究所の建設資金ローンを組成するのに苦労した経験がある。多くの邦銀に声をかけたが、信用力に問題ありとして、ローンに参加したのは三行だけだった。調印式でサムスン電子の本社工場を訪れたが、当時家電工場で目を引いた製品はキムチ用冷蔵庫ぐらいで、特別に案内された社外秘の半導体工場の製造装置は、目につく限りニコンやキヤノンなどの日本製であった。その後私は大学に転職して韓国企業との接点もなくなったが、かつて東芝やソニーの足元にも及ばなかった会社が短期間でいかにして世界的ブランドとなったのか、その秘密を知りたいと思っていた。

『Samsung Rising』は、韓国に五年滞在し「エコノミスト」や「ウォールストリート・ジャーナル」等に寄稿する著者が、社内外の四〇〇人の関係者に面談して、ソニーやアップルとの競争のなかで、いまや世界のハイテク企業のリーダーとなった同社の成長と挫折の秘密を、韓国に特有のメンツを重んじる企業文化と創業者一族のトップダウンのリーダーシップに求めて描いている。著者によれば、サムスン電子の企業文化は、九〇年代までは上意下達の軍隊のような文化で、上から来る必達目標をひたすら達成する者が出世する企業であった。しかし、二〇〇〇年代に入り、それまでベンチマークにしてきたソニーをブランド価値で抜き、アップルの半導体下請製造業者から携帯電話本体でアップルと直接競争することを決めたあたりから、グローバル人材を登用し、グローバルなブランドを目指す企業に変貌を遂げた。グループ会社間の複雑な株式持ち合いによる、創業者一族支配の強いリーダーシップと中央集権組織で、同社は幾多の危機を乗り越えてきた。アカデミー賞授賞式やオリンピック等への大型広告投資が、トップダウンによる決定で優れた米国人のマーケティング専門家に任せられ、グローバルな人材も創業者一族の後ろ盾を得て、卓越した成果を上げている限り、活動の自由が認められるようになった。

しかし、韓国内で政治や検察を超越したかのようなサムスン共和国の存在も、創業者一族が代替わりし、反財閥を謳う政治家の政権にかわるとともに、その将来に陰りをみせているというところで本書は終わっている。

（「ＣＦＯ ＦＯＲＵＭ」二〇二〇年一一月一六日）

§6-10

コロナ後の経済を考える

- 『Shutdown: How Covid Shook the World's Economy』
Adam Tooze（Allen Lane, 2021）
- 『コロナ制圧　その先の盛衰』
梅屋真一郎（日本経済新聞出版、２０２１年）

コロナ禍が落ち着いてきたいま（二〇二一年一一月）、それが経済に与えた影響を総括してみる必要があると思い、参考になりそうな本を探してみた。コロナ禍を危機管理や国際政治の側面から考える本は多いが、経済の側面から考察した本は意外に少ない。

そのなかで、洋書ではコロンビア大学アダム・トゥーズ教授の新刊『**Shutdown**』が、数少ない経済面からのコロナ禍の考察になっていて参考になる。著者は気鋭の歴史学者で、米国では一八年出版で〇八年のリーマン危機を分析した大著『Crashed』（邦訳『暴落―金融危機は世界をどう変えたのか（上・下）』みすず書房、二〇二〇年）がよく読まれており、今回取り上げる『Shutdown』も多くの書評で取り上げられ話題になっている。

本書では、二〇年に突然出現し、現在も進行中のコロナ禍が引き起こした世界の出来事を物語（ナレーティブ）として時間を追って詳細に描きながら、その背景にある経済や気候変動のマクロの問題とクロスさせて、コロナ禍の本質について議論している。数十年後の人々が、本書をコロナ禍の貴重な歴史資料として読むであろうことが想像できる。まだ危機の渦中にあるわれわれにとっては、目の前の出来事を経済や金融の観点から整理してみるのに役に立つ。

著者は、リーマンショックの世界の金融経済の危機と気候変動危機のはざまにコロナ危機が突然出現したとする。強権国家のほうが、この危機に効果的に対処できていることから、コロナ禍はグローバリゼーションと新自由主義を進めた民主主義国家に反旗を翻すものとして、このような問題にも対処できる主権国家の再生の必要を説く。

本書のなかで著者は一章を割いて、〇八年の金融危機と今回のコロナ禍が金融市場に及ぼした影響を、株式市場と債券市場の動向に基づいて非常に興味深い比較分析を行っている。すなわち〇八年は、ほとんどの金融機関のバランスシートが傷むという金融システムの危機であったのに対し、コロナ禍は実物経済の危機で、金融機関のバランスシートへの影響は少ない一方で、金融市場全体に影響が表れていることをさまざまなデータで示す。〇八年の危機では、株式、モーゲージ債をはじめとするあらゆる金融リスク資産が売られ、資金は唯一の安全資産である米国債に向かった。今回の危機は経済全体の危機となったので、米国債を含むすべての金融資産が売られ、FRB（米連邦準備制度理事会）が市場から米国債を購入することを余儀なくされた。〇八年の危機では、銀行の不良資産の総額というかたちでリスクの主体像を想定することができたので、各国政府が金融機関の救済に走ることで事態は沈静化した。一方で、パンデミックが引き起こした得体の知れない今回の危機では、経済全体に与える影響が当初予測不可能で、国家をあげて危機に立ち向かう必要があったとする。

著者は、コロナ禍のような経済全体の危機に際しては、金融市場では資金が金融資産から現金に向かうので、市場に潤沢に現金を供給するような金融政策と果敢で広範な財政出動の両方が必要となることを歴史的教訓として述べている。その意味で、財政余力の小さい国にとっては、コロナ禍のような未曾有の危機への対処は困難になり、富める国と貧しい国の差がますます開くことを著者は示唆している。

『コロナ制圧　その先の盛衰』は、野村総合研究所のコロナ対策プロジェクト・チームが日本のコロナ対策について調査した結果をまとめた本である。著者たちは、日本のコロナ危機はワクチン接種の進捗で出口はみえてきたとして、コロナ後の日本経済の未来に焦点を当てる。

日本経済がこれまで抱えてきた三つの課題として、働く女性の立場の不安定さ、対人サービス業の企業体力の弱さ、デジタル化が進まないことによる日本社会の脆弱性をあげる。そして、コロナ禍がこれらの課題を人々の前にむき出しにして、日本は否が応でもこれらの課題の解決に向かわざるをえないようになったとする。

その結果、働く女性の環境整備のための投資、対人サービス業中小企業事業者のハッピー・リタイアメントによる非効率な企業の淘汰、企業のデジタル化、自動化による人手不足の解消が、少子高齢化のなかでの日本経済の諸課題の解決策となるとして、コロナ禍をきっかけに日本がこれらの問題に正面から取り組み、コロナ後の日本の未来を切り開くことを提言している。

（「ＣＦＯ　ＦＯＲＵＭ」二〇二一年一一月一五日）

§6-11

ロシア―ウクライナ戦争と日中戦争

・『The Gates of Europe: A History of Ukraine』
Serhii Plokhy（Allen Lane, 2015）
・『太平洋戦争への道１９３１―１９４１』
半藤一利・加藤陽子著、保阪正康編著（ＮＨＫ出版、２０２１年）

ロシアのウクライナ侵攻が世界を揺るがす問題として続くなか、一般のビジネスパーソンがウクライナという国家の成立ちを知るのによい本はないかと探してみた。また、これが満州事変（一九三一年）から日中戦争への道を想起させるとの指摘があるが、現在の日本人の多くは、戦前の日本の対中国進出の軍事行動などは遠い昔の話程度にとらえていて、十分な知識を持ち合わせていない節もあるので、これも忙しいビジネスパーソンが戦争前夜の昭和史の流れをとらえるのによい本はないか探してみた。

この二冊を読んでみると、外部の目にはいかにも不合理な紛争が長引くうちに、当事国政府と関係政府、国民、軍隊、マスメディアなど関係当事者の思惑が入り交じり、外交交渉などでは簡単に解決できない戦争にエスカレートしていく道筋がみえてくる。

『**The Gates of Europe**』の著者はウクライナ生まれのハーバード大学教授で、東欧の歴史研究の第一人者である。本書はウクライナの複雑な歴史を、この地域が置かれた東欧と西欧の境界であると同時にアジアと欧州の境界という特殊な地理的位置と、底流にあるスラブ国家としての文化や民族の特色を軸として、事実に即して描いたウクライナ史の決定版といわれている。

そこで、この本に書かれていることをまとめると、次のようになる。

ウクライナは気候と風土に恵まれながら、その地理的位置から五世紀のバイキングに始まり、ローマ、モンゴル、オスマントルコ、ドイツ、ポーランド、ロシアといった列強各国や部族に地域を支配されるなかで、国民国家としての主体性を築く機会をもつことがほとんどできなかった。近現代ではウクライナ語のネイティブ社会がロシアの文化に同化するなかで、民族に固有の経験と文化は持ち続けたが、スラブ文化と欧州の文化、キリスト教とロシア正教といったかたちで地域的境界に特有の多様な文化が織り込まれた地域になった。

ロシアとの関係では、一七世紀ごろにロシアがウクライナに進出し、一七八三年にクリミアを統合、一七九四年にはキエフ公国を支配するようになり、ウクライナ人はロシア領、ポーランド領、オーストリア領に分断される。ソビエト連邦の建国により、ウクライナ人の多くがロシア化された農奴となっていく。スターリンにとり肥沃なウクライナは重要な食糧供給基地であり、穀物生産の三八％をソ連に召し上げられる。ソ連指導者の暴政により、一九三二年には飢饉で四〇〇万人が死亡した。スターリンの次にはヒトラーがウクライナに進出し、ユダヤ人一〇〇万人を含む七〇〇万人が虐殺される。

戦後ウクライナはソビエト連邦の主要な構成国の一つとなるが、欧州とソビエト連邦とのはざまで国家運営に苦闘する。一九八六年に旧ソ連ウクライナ北部に位置するチェルノブイリ原子力発電所で発生した事故は、同原発を技術的に支配していたロシアから事故の状況を知らされないまま、放射線漏れによる深刻な被害を受けたことから、ウクライナ国民が自立を求めるきっかけとなった。そしてソビエト連邦が消滅した九一年にウクライナは独立国家となった。独立当初はロシアが主導するＣＩＳ（独立国家共同体）に参加していたウクライナであるが、二〇〇〇年代に入ると欧州とロシアの間で揺れ動いていたが、〇四年のオレンジ革命で親欧米路線にいったんは傾くものの一四年にプーチンはクリミア半島を併合、東南部諸州をロシア寄りの独立国家にしようとする。

著者は、ウクライナがこのように欧州とアジアの境界にあって歴史を通して周辺諸国・民族との間で言語、共同体、主体性を混合させせられることを続けてきたが、そこに住むウクライナ人は一貫して自由を切望し、独自の文化や生活をつかむ自立を求め続けてきたとする。ウクライナの歴史は国民国家としての主体性を追求する歴史であったが、いまだその主体性は樹立されていない。

一五年に出版された本書は、当然ながら今回のロシアのウクライナ侵略については触れていない。ロシアと戦争状態となったことで、初めてウクライナは国民国家としての主体性をもつことができたようにみえる。しかし、この主体性の将来は、この戦争がいつまで続き、どのような終戦に持ち込めるかにかかっている。これは次に述べる日本と満州事変の事例をみても容易なものではないことがわかる。

『太平洋戦争への道１９３１—１９４１』は昭和史研究者の保阪正康、加藤陽子東京大学教授、歴史探偵の半藤一利（二〇二一年死去）が一七年の終戦記念日にＮＨＫラジオで行われた対談と保阪氏の解説で構成され、この時代の流れがよくわかるコンパクトな本である。

ロシアのウクライナ侵攻と満州事変の類似点は、権益を確保するため軍事進出し、傀儡政権を打ち立てて国土の一部を支配下に置く大ロシア、大東亜といった帝国主義的な侵略行動であること、そしていずれも、現地国民の反発を招き、米英などの主要国が被侵攻者側に軍事支援を行い、侵略者に経済制裁を科すなかで軍事行動がエスカレートし、停戦が困難な状況に陥っていくところである。この間の侵攻国のマスメディアによる自国民を支配するプロパガンダと、被侵攻者側の支援国を味方につけるプロパガンダの競争にも類似点がある。

本書で著者たちは、一九三一年の満州事変から四一年の第二次世界大戦の開戦に至る道筋には、六つの岐路があったことを取り上げる。すなわち三一年の満州事変と三二年の満州国建設における関東軍の暴走、三一年のリットン調査団報告書と三三年の国連脱退による国際協調路線の放棄、三二年の五・一五事件から三六年の二・二六事件の流れのなかでの言論思想の統制、三七年の盧溝橋事件から三八年の国家総動員法制定に至る中国侵攻の拡大、四〇年の三国同盟締結、四一年の野村・ハル会談等の日米交渉の失敗である。

二〇年代の日本は第一次世界大戦後の軍縮以降、大正デモクラシーのもと国際協調機運が高まっていた時代であった。それがなぜ満州事変をきっかけに軍事行動が国策の中心に据えられていったのか。著者たちは、その背景に戦勝報道を競争する大手マスメディアが戦争の応援団となり、国民がそれに煽られて戦争を支持することになっていったのが大きかったとする。

三〇年ごろの日本経済は不況のどん底にあり、農村は疲弊していた。日露戦争の勝利で得た満州の経済権益を確保することは、狭い国土で貧しい生活をする国民の生存権の問題と考えられていた。これに異を唱える中国政府と国民は、日本の生命線を脅かす敵とみなされた。戦争は一時的に景気を刺激し、格差も縮小する。現地軍は時流に乗り独断で戦線を拡大し、政府も軍中央も国民の熱狂のなかでそれを追認する。

蔣介石は日本の侵略行動を国際連盟に提訴し、連盟はリットン調査団を派遣する。調査団報告は日本の権益や主張にも配慮し、日中の和平を導く可能性も含んだものであったが、日本の新聞社一三二社は「満州国の存立を危うくするような解決策は断じて受け入れるべきではない」という共同宣言を出し、世論は報告書に反発して、政府は和平のきっかけを失ったとする。このようななさなか、現地軍は独断で新たな紛争を起こした。これによる経済制裁を避けるため国際連盟を脱退するという、天皇はもとより政府も当初望まなかった選択を余儀なくされ、国民はこれを歓迎して日本は国際協調の舞台を降り、孤立化が進んだ。

このようにして、三〇年代に入り日本は軍事が政治をリードする国家となっていくが、その背景には、貧困のなかで一時的な景気の回復や貧富の格差の縮小をもたらす戦争を国民の多くが支持し、それをマスメディアが煽り、国際協調的な政治家はテロの対象になるという恐怖があった。あとから振り返れば、どうみても合理的とは思えない国家の選択が次々となされていったのである。

このコンパクトな書を読めば、なぜ日中の戦争が泥沼化し、無謀な太平洋戦争にまでつながっていったのかということが理解できるし、また、現代においてウクライナ侵略といった一〇〇年前の帝国主義の時代に戻ったような無謀な戦争が繰り返され、それが泥沼化するのはなぜかということを理解する一助にもなる。

（「CFO FORUM」二〇二二年七月一五日）

§6-12

半導体の世紀
――ビジネスと国家の大攻防

・『ビジネス教養としての半導体』
高乗正行（幻冬舎メディアコンサルティング、２０２２年）
・『Chip War: The Fight for The World's Most Critical Technology』
Chris Miller（Simon & Schuster, 2022）
（邦訳：千葉敏生訳『半導体戦争』ダイヤモンド社、２０２３年）

自動運転やＡＩ等が進化するなかで、先端の半導体は新時代の産業にとってますます不可欠のインフラになっている。二〇二二年二月八日のバイデン大統領の一般教書演説では、先端半導体の工場を米国につくることで台湾や韓国に依存する供給網を米国が取り戻すための国家戦略を強く訴えた。かつて米国による石油禁輸が対米開戦に日本を追い詰めたように、米国の先端半導体関連技術の対中輸出規制は、中国を追い詰め台湾進攻のきっかけにもなりかねない。いまや石油にかわって半導体が世界の安全保障のカギとなっているといえる。

半導体は現代のさまざまな先端製品に用いられるすそ野の広い重要な構成要素である。その製造には世界にまたがるサプライチェーンが複雑にからんでいる。半導体そのものが消費者の目にはみえないだけに、一般の人がその実態や産業構造を十分に理解しているとは言い難い。

そこで、今回は半導体とそれを取り巻く世界の地政学について最新の知識をわかりやすく伝える日米の本を取り上げてみた。

『ビジネス教養としての半導体』はタイトルどおり、普通のビジネスパーソンが半導体の商品特性や産業組織、世界の半導体産業の競争などの最新の動向を知るのに最適の書といえる。著者は三〇年にわたり商社マンとして販売仲介者の立場で半導体ビジネスにかかわり、現在は外資系大手半導体商社の日本法人代表を務めている。半導体ビジネス全般に関し幅広い知見を有しており、本書は半導体のことをよく知らない人にもわかるように書かれている。

本書は最初に、世界中で取り合いになっている半導体市場の現状を俯瞰し、なぜ半導体が世界経済のインフラとなっているかを説明する。次に半導体の生産工程が設計から前工程、後工程とそれぞれの専門企業による分業になっていることを具体的に示す。そしてこの半世紀の半導体産業の盛衰を語るなかで、一時は世界の半導体産業をリードした日本企業が凋落していった理由についても明らかにする。本書の後半では、現在の世界に広がるサプライチェーンの実態を概観したうえで、設備投資額が巨額にのぼるため、その開発や製造、製造装置などの各分野でトップ企業による寡占構造が必然となることを示し、そのなかで各国の企業が占める役割とその戦略を語っている。

世界の半導体市場が三〇年には一兆ドルの規模になることが見込まれるなかで、原材料や製造装置で一定の地位を占める日本の半導体産業の位置づけについて、一時のように世界の半導体市場を席巻する役割は期待できないが、既存の半導体を用いた新しい電子機器やそれを応用するや仕組みを提案していくことで、日本企業が一定の役割を果たすことを予測して本書を締めくくる。

『Chip War』は、米国の視点から俯瞰した半導体産業の戦国史である。半導体は米国の発明品で、現在もシリコンバレーのハイテク企業が半導体を用いて次々にデジタルの新しい製品やサービスを開発しているが、その製造では台湾や韓国に後れをとってしまった。

一九九一年に出版されたダニエル・ヤーギンの『Prize: Epic Quest for Oil, Money and Power』（邦訳：『石油の世紀：支配者たちの興亡』）が石油の米国覇権の地政学的全貌を示してくれたように、二〇二二年に出版された本書は世界の半導体市場で覇権を目指す国や企業の地政学をわれわれの前に明らかにしている。著者は冷戦史を専門とする俊秀の歴史学者で、分析の視野が広いのが特徴だ。一九六〇年代のシリコンバレーでの半導体の発見開発競争に始まり、八〇年代の生産技術優位による日本のメーカーの市場制覇から、その後の市場やサプライチェーンを見失った失敗の道を経て、現在の台湾のファウンドリーをめぐる米中半導体戦争に至るその歴史を、企業間だけでなく国家間の覇権競争史として数々の挿話を交え生き生きと描いており、読み応えがある内容になっている。本書を読めば、超微細化した高性能の先端半導体が、オランダの高価な半導体製造装置メーカーＡＳＭＬや台湾の高性能半導体の製造技術をもつファウンドリーＴＳＭＣなしにはどこの国でも一国では製造できなくなっていることや、技術だけではなく、グローバルな市場での販売能力やサプライチェーンを活用する力なしには、いかなる有力な半導体企業も生き延びることができないことがよくわかる。バイデン政権の米国の半導体産業を重視する国家戦略の背景とその成否について考えるヒントも与えてくれる。

本書は二〇二二年度の『FT/Mckinsey Best Business Book of the Year Award』と『Economist Best Book of the Year』を受賞し米国のベストセラーになって、近々邦訳も発売される（二三年二月発売）ようだが、そもそも半導体関連の用語はすべて英語であり、本書はわかりやすい英語で生き生きと描かれているので、原書で読む価値があると思う。電子書籍なら手ごろな価格で、読み上げ機能がついているので、通勤の傍らに聞くのもよいのではなかろうか。

（「ＣＦＯ ＦＯＲＵＭ」二〇二三年二月一五日）

§6-13

歴史に学ぶ

- 『What Is History, Now?』
Suzannah Lipscomb & Helen Carr（Weidenfeld & Nicolson, 2021）
- 『昭和史１９２６―１９４５、戦後篇１９４５―１９８９』
半藤一利（平凡社ライブラリー、２００９年）

「歴史とは歴史家と事実との間の相互作用の不断の過程であり、現在と過去との間の尽きることを知らぬ対話なのであります」（Ｅ・Ｈ・カー『歴史とは何か』岩波新書、１９６２年）

英国の外交官にして歴史家のＥ・Ｈ・カーが講演集『歴史とは何か』を出版してから半世紀以上が経ち、ひ孫で歴史家のヘレン・カーを編集者の一人とする『**What Is History, Now?**』が出版された。

この本では「歴史とは過去の資料に現れた歴史事実についての歴史家の能動的な解釈である」という

E・H・カーの視点を一歩進めて、多様な観点からの歴史の問い直しが現代を理解するのに必要であることを、各分野の歴史専門家たちがそれぞれのテーマに沿った議論として展開している。

本書で取り上げられているテーマは幅広く、歴史学というものが時代の要請によって変化し解釈し直されるものであり、現代人の問題意識から今日の歴史学が問われる多様なアプローチがあることがわかる。それは、アジアやアフリカなどのグローバルな視点、歴史映画やドラマを批評的にみて歴史上の疑問を提起する視点、主流でなく虐げられた人の視点、障がい者の視点などであり、多角的な視点から、隠された資料や、銅像や博物館についても、現代の視点からこれを見直すことが提案されている。

日本では、長く平和な戦後の時代も終わりに近づき、ウクライナや東シナ海、朝鮮半島で平和を脅かす事態が生じるなかで、防衛費の増強、反撃能力の構築といった戦後の軽武装体制を見直す議論が進んでいる。

『昭和史１９２６―１９４５、戦後篇１９４５―１９８９』は、文藝春秋社の著名な編集者で、昭和史に多くの著書を持ち、二〇二一年に惜しまれて亡くなった半藤一利のベストセラーである。戦前・戦中篇と戦後篇で各五〇〇ページを超える二分冊になっているが、指導者、軍人、庶民といった多様な側面から昭和史の特徴が浮き彫りにされており、わずか三十数年前に終わった昭和の時代を歴史として考える人にとって必読書といえる。

本書の特徴は、著者が膨大な現代史の資料や研究書を読み込んでいるだけでなく、直接当事者たちに多くのインタビューを行い、また庶民として生活してきた同時代人の観察も反映させて、昭和史の現代的意味を問い直し、将来への示唆を提起している点にある。

急速に世界の先進国の仲間入りをした日本は、大正デモクラシーの一時的な盛り上がりはあったものの、民主政治が定着することなく、昭和に入ると国際関係の対処を間違え軍事国家への道を歩む。一つの方向に流れやすい国民性は、エリート軍人とその意向を体する政治指導者たちを得て、日中戦争から太平洋戦争へ巻き込まれていった。政府も軍部も正確な情報を国民に秘し、勝利の栄光を国民が狂喜できるように創作した。それに乗った新聞やラジオのマスメディアが、売れる戦勝ニュースで国民を煽っていったとする。

指導者たちは国際情勢に疎く、政府や軍部の縦割り組織で情報が有効に共有されることがないなかで、情報を占有し発言力のある陸軍のような組織が国全体の戦略の方向を定めていった。なぜ、このように軍部の独裁が可能になったのかというと、軍の意思決定は天皇に直属する軍令部が主導し、国政は軍令部の影響下にある陸海軍大臣を含む国務大臣と首相の合議で行われるなかで、国務大臣の輔弼を受ける天皇は、立憲政治の建前上、政治的決定に口を挟むことがほとんどできなかったからだと著者は指摘する。

敗戦後は、国民は一億総ざんげしながら戦争責任を自ら問うこともなく、マッカーサーを天皇と同じように敬い、占領国の持ち込む民主化をかたちだけ受け入れていく。敗戦によって日本の歴史が戦前と戦後に分断されているのではなく、国民の思考も政府や企業の組織体制も、戦前から戦後に連続していることを著者は指摘する。戦時中からの官僚制が温存され、総動員体制を基盤とする重工業への資源の傾斜配分や、家族主義的な企業体制が残ることで、戦後の官僚主導型の政治や、間接金融中心、企業グループ、企業別組合、といった高度成長を実現する日本型システムの基盤となったことが明らかにされる。

著者は、一つの方向に一気に流れやすい日本人の国民性が容易に変わるものではないこと、意思決定にあたり十分な情報やデータをとって判断するよりは、流れのなかで、選択肢はこれしかないと一方的な判断に傾きがちであること、特に国際情勢や戦略的発想に疎い国民性であること、を危惧する。「国家一〇〇年の大計をもたず、歴史に学ばない日本の悲劇がここにある」と言い残して著者はこの世を去っていった。

（「ＣＦＯ ＦＯＲＵＭ」二〇二三年七月一八日）

Cinema ⑥

ナイキの成長秘話と久留米のゴム産業の盛衰

• 『AIR／エア』（原題：Air）２０２３年、監督：ベン・アフレック

当初アマゾンスタジオが配信用に制作したという、ベン・アフレックとマット・デイモンのコンビによる二〇二三年の新作映画『**AIR／エア**』は、手練れの制作陣とベテラン俳優により大人向けの娯楽作品としてよくできており、試写での評判がよかったことから、この四月ワーナーの配給で世界の映画館で同時公開された。

映画は一九八四年の、当時はまだ新興企業のナイキが舞台である。七〇年代の不安定な経営

を立て直し、バスケットシューズ「エアジョーダン」でその後の成長のきっかけとなった、当時新人で後にプロ・バスケットの帝王となるマイケル・ジョーダンをめぐる、大手のアディダスやコンバースとの契約獲得競争に逆転勝利する物語だ。フラットな意思決定ライン、CEOの幹部社員への信頼とリスクを恐れない俊敏な経営、選手側との契約交渉の駆け引きなどが演技力のある俳優陣により演じられ、一級のビジネス映画になっている。組織の意思決定やマーケティング戦略の教材としてもみることができる。

スポーツシューズでは新興企業のナイキは、その成長の歴史のなかで日本のシューズ産業との関係が深い。ナイキの創業者フィル・ナイトは、オレゴン州に生まれ育ち、オレゴン大学で陸上の選手として活躍した後、スタンフォード大学でMBAを取得して故郷に戻り起業した。MBAの起業クラスのレポートで、日本のカメラがドイツに勝ち世界を制覇したように、日本のスポーツシューズがドイツに勝ち世界に君臨するとの論を展開し、六八年当時米国でも「タイガー・ブランド」で人気が出始めたオニツカ（現アシックス）のスポーツシューズの米国代理店になることから、事業を始めた。当時はドイツのアディダスやプーマ、米国のコンバースが、米国のスポーツシューズ界を席巻していた。日々の資金繰りに追われながら、オレゴンの田舎をベースにオニツカ製品を改良して売ることで細々と市場に参入したのが、後に世界一のスポーツ商品ブランドとなるナイキのスタートであった。

オニツカとの代理店契約を解消された七〇年代末、ナイトは日商岩井のポートランド支店に駆け込み、オニツカにかわる製造先委託として久留米（福岡県）の日本ゴムを紹介される。こうして八〇年代を通じ、ナイキのスポーツシューズは主に日本ゴムで生産されることになる。また、当時スポーツシューズ三大企業の一つであった米国コンバースのシューズも久留米の月星ゴム（現ムーンスター）でライセンス生産されていた（現在コンバースはナイキに買収され、日本市場のみ伊藤忠とムーンスターが出資する日本コンバースが、コンバースブランドを製造販売している）。

その後、ナイキは円高とコスト上昇で採算に乗らなくなった日本から、製造拠点を台湾、韓国から中国、ベトナムへと移していくことになる。

ナイキのように開発とマーケティングの上流と下流で大きなリスクをとり利益をあげた企業が、ブランドを確立して競争に勝ち、また国際的なブランド戦略の重要性を理解していたドイツのアディダスや日本のオニツカもその後も生き残り成長していったが、日本ゴムや月星ゴムのようにマージンの低い製造だけを引き受けていた企業は衰退していくことになる。

まだゴム産業が栄えていた五〇～六〇年代の久留米に生まれ育った私は、八〇年代に勤務していた銀行の仕事で、ポートランド空港から車で一時間ほどの田舎にあったナイキ本社を訪問したことがある。日本ゴムや月星ゴムの本社と比べても貧弱なナイキ本社オフィスに驚いたのは四〇年ほど前のことである。

現在私は、当時地下足袋（ゴム底が付いた農作業や軍人用の足袋型の履物）で大きな利益をあげていた日本ゴムの創業者石橋徳次郎と正二郎兄弟が、二八年に土地と本館を寄付して久留米に創立された九州医学専門学校を前身とする大学の、九五年の歴史がある頑丈なつくりのその本館で勤務している。そこで思うのは、日本ゴムや月星ゴムにもっとイノベーション力があったなら、いまごろ世界のスポーツウェア業界で活躍していてもおかしくないということである。少し救われるのは、三〇年に日本ゴムをスピンアウトした弟の正二郎が設立したブリヂストンは、いまや世界一のタイヤメーカーになっており、売上げも世界一のスポーツ用品会社ナイキとほぼ同じレベルにあることだ。ただ、ブリヂストンは創業後まもなく本社工場を東京に移転して成長し、最盛期には数千人が働いていた久留米の工場の従業員はいまや二〇〇～三〇〇人程度にすぎない。よくできたビジネス娯楽映画『AIR／エア』を久留米の映画館でみながら、はからずも故郷の中核産業の盛衰について思いをはせることになった。

（「CFO FORUM」二〇二三年五月一五日）

コメント

第六章では、過去二〇年間の米国の政治や経済の特質に関係する書評をまとめた。また、歴史が繰り返すことも考えてみた。この間、米国の政治は、二〇〇一―〇九年のブッシュ（息子）、〇九―一七年のオバマ、一七―二一年のトランプ、そして二一年から現在に至るバイデンと、保守とリベラルの間を大きく揺れてきたが、いま再び「アメリカファースト」を掲げポピュリズムの波に乗ったトランプが二四年の大統領選挙に挑戦しようとしている。

表面的に米国では大統領に絶大な権限が集中する政治体制のようにみえるが、実際には、立法府（連邦議会）と司法府（連邦裁判所）がそれぞれ大きな力をもち大統領の行き過ぎを抑制する仕組みになっている。そこで、米国の政治を考える場合、三権分立の仕組みをよく理解しておく必要がある。思い起こせばオバマ政権の二期目、共和党が多数を占める上下院議会と対立するなかで、オバマケア（医療保険制度改革法）や不法移民問題の対応にあたり、議会による立法ではなく大統領の行政命令権限を行使することで強引にこれらの政策を実行したが、トランプもまた、大統領就任直後から、与党であるはずの共和党が多数を占める上院との関係がぎくしゃくしていたことから、議会に諮ることなく、オバマのリベラルな政策を覆す大統領令を連発した。

これは、ポピュリズムの風潮に乗って合衆国大統領が選出される傾向が強まる一方で、これまでワシントンの政治を主導してきたエリートの力が減退し、議会の力が弱体化していることの現れだ。同時に、大統領が行政権限を振りかざして実行した政策が、政権が変われば簡単に覆されるという不安定性がかつてないほど高まっていることも示している。

最高裁判所は憲法の解釈を通じ、重要な政策判断をする。§6－01で紹介した『**Freakonomics**』のなかで一九九〇年代に犯罪率が低下した要因とされていた、人工妊娠中絶を容認する七三年の「ロー対ウェイド」判決がその典型例である。二〇二二年六月、最高裁は、この判決を破棄してしまった。この逆転判断を導いたのは、トランプ前大統領が、退任や死去した三人のリベラル派最高裁判事を保守派に入れ替えたことにあるが、この判断は二四年大統領選挙の大きな争点となっている。

このように、米国では大統領の権限は議会と最高裁判所により牽制される仕組みとなっているが、時代背景に応じてこの三者間の力関係は変貌を遂げてきている。イデオロギーが分極化し、ポピュリズムの傾向が強まる最近の米国の政治動向と三権間のバランスの変化は強く影響し合っている。二四年に入り、いよいよ本格化しているバイデンとトランプを軸にする次期大統領選にも、このような動向が色濃く反映されており、注視する必要がある。

経済面に目を転じると、米国はリーマンショックを克服し、コロナ禍も一時的な市場への無制限の資金提供で乗り切り、いまでは景気の過熱とインフレを抑えるための利上げをいつまで続けるかが問題になっている。この二〇年間については、米国経済はおおむね順調な成長を続けてきたといえよう。このようななかで本文でも触れた米国の自動車産業は、リーマンショックの不況のどん底から立ち上がった。今日では、中国の台頭に対抗する経済安全保障意識の高まりによる米国製造業の再建が、バイデン、トランプ両陣営に共通する主要政策テーマとなっている。二三年九月には史上初めて、ビッグスリーの三工場が一斉に大幅な賃上げと待遇改善を求めストライキに入り、バイデン大統領がスト現場に現れ労働側を激励するといった異例の光景がみられた。そして全米自動車労組（ＵＡＷ）とビッグスリーは向こう四年間で、実に二五％の賃上げで合意し、一カ月にわたるストが終結した。

これに対して日本は、このところ経済低迷が続き、一人当りＧＤＰでみると、〇五年には米国の四万四〇三四ドル（世界九位）に対し日本が三万七八一九ドル（同一六位）であったものが、二二年には米国が七万六三四三ドル（同七位）と順調に伸びているのに対し、日本は三万三八五四ドル（同三二位）と、ドル建てではこの間にマイナスとなってしまった（ＩＭＦ調べ）。

最後に、歴史は繰り返すことをまたしても証明している最近の話題に触れてみたい。

戦後米国は大陸から離れた国家として、従来から国際的な紛争にはなるべく離れて直接関与しないが、民主的な国家が専制的な国家により侵略された場合に、人道的立場で被侵略国家を支援する政策をとってきた。バイデン大統領はEU諸国と協力してロシアに侵略されたウクライナを全面的に支援してきたが、戦争が長期化するなかでトランプの影響下にある共和党保守派はこれにブレーキをかける雲行きになっている。そこに二三年一〇月に起きたイスラエルとパレスチナの紛争が状況をさらに複雑にした。バイデンは、ハマスによるイスラエルへの急襲テロを強く非難し、ガザ地区を激しく攻撃するイスラエルを一方的に支持したので、ロシアや中東諸国からダブルスタンダードではないかとの批判を浴びた。その後、一般市民の被害が拡大するにつれて、イスラエルの武力侵攻を全面的にサポートするバイデンの立場が揺らぐ一方、米国内でも反イスラム・反ユダヤの分裂が広がるなか身動きがとれなくなっているようにみえる。

また米国のリベラル派を代表するハーバード大学やペンシルバニア大学の学長が、ガザ侵攻を批判する学生の行動を一方的に是認したとして、大学基金の主要な寄付者であるユダヤ人富豪やシリコンバレーの保守派の企業家からの批判を受け、ハーバード大学のアフリカ系女性学長は過去の論文不正を直接の理由として二四年一月に辞任に追い込まれた。論争はリベラルな大学のDEI（ダイバーシティ：多様性、エクイティ：公平性、インクルージョン：包摂性）の理念が、白人層を差別するものであるとの保守派の主張が声高になることにつながり、大統領選を前に米国内の保守とリベラルの分断がいっそう広がっているようにみえる。

強国が弱小国に侵略する歴史は何度も繰り返される。その解決がむずかしく紛争が泥沼に陥りがちなことも歴史が語っている。

あとがきにかえて

一般社団法人日本CFO協会が発行する機関誌「CFO FORUM」(当初は紙媒体で季刊、二〇一四年九月からはオンラインマガジンで月間)で、二〇〇二年の創刊第二号から書評欄を担当し、その後シネマ評も書かせていただき、二〇年以上がたった。その時々のトピックにあわせて米国の新刊ビジネス書を紹介し、日米の経済や経営の比較をするというのが、この書評欄の目的であった。今回の書籍化にあたって二十数年間の書評をあらためて並べてみると、日本が米国をモデルにしてビジネスや教育の改革を進めてきたにもかかわらず、それがうまくいかなかった理由が浮き彫りになってくる。日本のビジネスエグゼクティブにとって必要なことは、米国の企業や組織の活動が依って立つものに対する理解であり、そのためには、MBAコースで使われているような理論書で経営の原理原則を理解することに加えて、実際のビジネスの成功や失敗とその背景をノンフィクションのビジネス書等で学ぶことだと思う。

米国のノンフィクションのビジネス書には調査報道の伝統があり、当事者への詳細なインタビューなどを通じ事実が現場にいるように再現される。たとえば金融危機時の金融機関経営者の行動といったテーマになると、サスペンスドラマをみるようにワクワクして読め、これまでにない視点や気づきを得られることが多い。

私は、およそ半世紀前に大学を卒業し、当時学生に人気が高かった日本長期信用銀行に就職した。いまから考えると、私が就職したころには、優良な日本企業は自力で社債や資本市場から直接調達できるようになってきたため、長期金融を専門とするこの銀行は、本来の機能を発揮する場を失いつつあり、後に経営破綻してしまうわけだが。とまれ私は銀行に入ると、たまたまそのころ急拡張していた国際部門に配属された。その後も米国の大学院留学や、国際船舶金融、プロジェクトファイナンス、サウジアラビアの現地銀行派遣、米国企業新規取引開拓、国際金融情報センター派遣と、一般の銀行員とは異なる経験をすることができた。管理職となってからは、規制緩和と円高によって買収できた米国証券会社のマネジメント、米国企業取引を専門に行うシカゴ支店長などを任された。このようにして私は、銀行内での伝統的な出世コースからは外れていたが、米国という特殊な国を相手に専門性を身につけることができ、そしてこの経験が、銀行が経営破綻した後に、「経営学」を専門とする大学教員という職業に転じる機会につながった。

このようにして米国のプロフェッショナルたちに交じって米国での金融業務に従事しているうちに、私たち日本人は、米国のビジネスの仕組みや、米国企業や個人の行動原理についてよく知らないままに、物まねで〝米国流〟のビジネスに取り組んでいることに気がつき、米国のビジネスパーソンや組織の行動の背景を理解できる本を求めて本屋をめぐり、ビジネス書を集めて読むようになった。また、米国人が話題にすることが多い映画も観に行くようになった。この私の行動はまさに、本書の第二章§2－12で紹介した、自己のキャリアにおける「両手効きの戦略」そのものであったことが、いま振り返るとわかる。つまり、「現在のキャリアや業務が絶頂のうちに同時に、次のキャリアや革新的な業務への投資をスタートさせる」戦略である。

「CFO FORUM」の連載では、米国の経済や経営、金融に関する本とあわせて日本の同種の本も参照し、日米のビジネスを比較してきた。振り返ると、日本の大企業経営やグローバル人材の養成、MBA教育のありようは、かたちだけは米国流を模倣していても、その根幹から体現しえているかというと、連載が始まった二〇〇〇年代の初めと何も変わっていないように思える。このあたりに日本企業が国際競争力を失った理由がありそうだ。

結局、この二十年余の書評を通じて私が追求してきたものは、夏目漱石が生涯をかけて解明しようとした、明治以降の日本の西洋をまねた浅薄な近代化の問題にほかならなかった。それは西洋文明に追いつくべく、個人が自立せずあくせく働いて物まねの工業化にまい進した「安普請国家　日本」のことである。漱石は、日本という国はそれを死ぬまでやり続けるしかない国であることを明治の時代にすでに見通していた。「西洋諸国が内発的に発展したのに対して、日本の開化は西洋の圧力によって自己本位の能力を失い、急激に西洋文化を取り入れざるを得なかった。神経衰弱にかからない程度に内発的に変化していくより仕方ない」。

これからの日本経済を支えるビジネスエグゼクティブの皆さんの苦闘は続く。私がお勧めしたいのは、現在の職務をきわめてプロになり、その職務の背景にある人々の行動やその背景に興味をもち、本を読み映画を観てその裏にある原理原則を追求することである。この本を読んだ不確実な時代を生き抜くビジネスエグゼクティブの皆さんが、その時々の米国のビジネス書に興味をもち、原書で読むきっかけになれば幸いである。

最後にこの場を借りて、「ＣＦＯ ＦＯＲＵＭ」誌で、まったく自由に書評と映画評を書くことを許してくださった、日本ＣＦＯ協会の谷口宏専務理事と、事務局長代理の中山直美さん、「ＣＦＯ ＦＯＲＵＭ」

誌の編集を担当されている谷口ひろみさんにお礼を申し上げる。また、私の米国勤務時代に金融財政事情研究会のニューヨーク事務所長を務められ、現在は日本CFO協会のシニアコンサルタントとしてこの本の出版を企画してくださった河野晃史さん、邦銀がグローバルな市場で活躍していた一九八〇年代からお世話になり、今回本書を丁寧に編集していただいた三十数年来の知己、金融財政事情研究会の谷川治生さんに心より感謝申し上げたい。

二〇二四年二月

久原　正治

【著者紹介】

久原　正治（くはら　まさはる）

1972年慶應義塾大学経済学部卒業、1997年青山学院大学大学院国際政治経済学研究科国際ビジネス専攻修士課程修了、2002年立命館大学博士（経営学）。1972年日本長期信用銀行入行、カリフォルニア大学バークレー校大学院留学後、主に国際業務に従事し、グリニッチキャピタルマーケッツSVP、日本長期信用銀行シカゴ支店長、長銀総合研究所国際調査部長等を経て1999年立命館大学経営学部教授。2001年立命館アジア太平洋大学大学院経営管理研究科教授、2007年九州大学大学院経済学研究院教授、2013年昭和女子大学グローバルビジネス学部長、2016年久留米大学学事担当理事を経て、現在、同大学常務理事、昭和女子大学現代ビジネス研究所特別研究員。専門は経営学（日米経営比較、金融機関経営論）。この間ブルガリア・ソフィア総合経済大学、シンガポールマネジメント大学、シカゴ・デポール大学経営大学院、ソニー大学、大和マネジメントスクール等で客員教授や講師を歴任。主な著書に『金融イノベーター群像』（シグマベイスキャピタル）、『日本の若者を世界に通用する人材に』（学文社）など。

【編者紹介】

一般社団法人 日本CFO協会

日本CFO協会は、市場・社会対応型の経営モデルをリードするCFOを育成し、日本における企業経営のグローバルスタンダードを確立することを目的に、2000年に設立された日本で唯一の経営・財務教育団体。各種の教育・研修カリキュラムの提供や資格認定・検定試験の実施のほか、経営・財務分野のさまざまな情報提供を行っている。姉妹団体の一般社団法人日本CHRO協会（人事分野)、一般社団法人日本CLO協会（法務分野）とともに、コーポレート機能強化に向けた経験と知恵を共有する日本最大級のプラットフォームである「コーポレート・エグゼクティブ・フォーラム」を運営。本書にまとめた久原正治氏の書評（“BOOKS”）と映画評（“CINEMA”）は、オンライン・マガジン「Corporate Executive Forum」中の「CFO FORUM」において、現在も連載が続いている。

現代企業社会の危機を読み解く
米国ビジネス書100選

2024年3月25日　第1刷発行

著　者　久　原　正　治
編　者　一般社団法人 日本CFO協会
発行者　加　藤　一　浩

〒160-8519　東京都新宿区南元町19
発　行　所　**一般社団法人 金融財政事情研究会**
出　版　部　TEL 03(3355)2251　FAX 03(3357)7416
販売受付　TEL 03(3358)2891　FAX 03(3358)0037
URL https://www.kinzai.jp/

DTP・校正：株式会社友人社／印刷：三松堂株式会社

ISBN978-4-322-14400-0